AF098629

www.ingramcontent.com/pod-product-compliance
Lightning Source LLC
LaVergne TN
LVHW011956070526
838202LV00054B/4944
9788119022540

لگے ہاتھوں

(طنز و مزاح)

مصنف:

ڈاکٹر سید عباس متقی

© Taemeer Publications

Lage HathaoN *(Humorous Essays)*

by: Dr. Syed Abbas Muttaqui

Edition: March '2023

Publisher & Printer:

Taemeer Publications, Hyderabad.

ISBN 978-81-19-02254-0

9 788119 022540

مصنف یا ناشر کی پیشگی اجازت کے بغیر اس کتاب کا کوئی بھی حصہ کسی بھی شکل میں بشمول ویب سائٹ پر اَپ لوڈنگ کے لیے استعمال نہ کیا جائے۔ نیز اس کتاب پر کسی بھی قسم کے تنازع کو نمٹانے کا اختیار صرف حیدرآباد (تلنگانہ) کی عدلیہ کو ہو گا۔

© تعمیر پبلی کیشنز

کتاب : **لگے ہاتھوں** (طنز ومزاح)

مصنف : **ڈاکٹر سید عباس متقی**

صنف : طنز ومزاح

ناشر : تعمیر پبلی کیشنز (حیدرآباد، انڈیا)

زیر اہتمام : تعمیر ویب ڈیولپمنٹ، حیدرآباد

سالِ اشاعت : ۲۰۲۳ء

تعداد : (پرنٹ آن ڈیمانڈ)

طابع : تعمیر پبلی کیشنز، حیدرآباد – ۲۴

صفحات : ۱۲۲

سرورق خاکہ : سبحانی کارٹونسٹ

سرورق ڈیزائن : تعمیر ویب ڈیزائن

فہرست

سلسلہ نمبر	مضامین	صفحہ نمبر
۱	کچرا	9
۲	ہم بھی اگر کتے ہوتے	17
۳	علامہ اقبال اور شاہین سلمہ	23
۴	آپ کاج مہا گریٹ کاج	28
۵	سیکھی ہے مہ رخوں کے لیے ہم نے فارسی	34
۶	لال لگام	43
۷	جو وعدہ کیا وہ نبھانا پڑے گا	50
۸	یہیں تو ہم نے جنم لیا تھا	60
۹	چار بوڑھے چاروں جوان	66
۱۰	ہم تو تیرے عاشق ہیں	71
۱۱	مولانائے دکن، مواعظ و مضحکات	76
۱۲	سارے جہاں میں دھوم ہمارے کچن کی ہے	91
۱۳	جادوگرستیاں	102
۱۴	الیاس مسعود خان ۔۔۔۔ خلوص اور خوشبو کا آدمی	106
۱۵	دکھ اٹھائے جونؤں کے تو خدا یاد آیا	113
۱۶	عقد کے چار دن معین ہیں	118

انتساب

میں اپنی اس تصنیف کو اپنے داماد عزیزی محمد اصغر سلمہ (حال مقیم امریکہ) کے نام معنون کرتا ہوں جنہوں نے اپنے اخلاق و کردار کے ذریعے ایک زمانے کا دل جیت لیا ہے۔

حرف اولین

خدائے لم یزل کے حضور میں ہدیہ تشکر پیش کرتا ہوں کہ جس نے اس بندۂ بے اعتبار کو نوشت و خواند کی دولت عطا فرمائی اور خود کچھ قامہ فرسائی کا اہل بنایا۔ چونکہ مزاجاً میں مزاح کا دلدادہ اور چہل و تفنن کا خوگر رہا اس لئے لطیفہ سازی کچھ طبیعت ثانیہ سی بن گئی۔ اگر چہ نہ لب کشائی میں آثار تبسم پائے جاتے ہیں نہ قامہ فرسائی میں کچھ انداز قہقہہ لیکن احباب اپنے مزاج سے منسوب ان باتوں پر دل کھول کر ہنستے اور اپنی زندہ دلی کا ثبوت دیتے ہیں۔ بہر حال یہ بات تو طے ہے کہ سامع کے تبسمات دل دہی میں خاصا کمال رکھتے ہیں تو قاری کی پسندیدگی دل جوئی میں اپنی مثال نہیں رکھتی۔ غرض انہی ہمت افزائیوں کے بل پر یہ سلسلہ اشاعت ہنوز جاری ہے۔ ورنہ اس دور میں کہاں لوگوں کو اتنی فرصت ہے کہ ہنسنے اور مسکرانے کے لئے بھی وقت نکالیں۔ انسان ہمہ اقسام کی تکلیفوں، رنجشوں اور مصیبتوں اور کچھ نہیں تو الجھنوں میں اتنا دبا ہوا ہے کہ نہ ذہن تبسم کی اجازت دیتا ہے نہ دل قہقہہ کا پروانہ۔ اور ایک زمانے سے طبیعتوں کو گدگدانے والی باتوں کی ایجاد و اختراع گویا ایک خواب بن کر رہ گئی ہے۔ نہ وہ قہقہہ بردوش لوگ رہے نہ وہ بذلہ سنج شخصیتیں رہیں اور جوان خداداد صلاحیتوں کے مالک عافیت سے زندہ ہیں وہ خیر سے گوشہ نشین ہو گئے۔ امراض نے فکر چھین لی اور ضعیفی نے قلم۔ طبائع نے الگ اپنی نشانیاں چھوڑیں امساک داد نے دماغ کو منتشر کر دیا تو امساک فن نے دل کو پراگندہ۔ اہل، دست گیری کے قائل رہے نہ کشادہ دستی کے، ہر سمت ایک خزاں کا دور دورہ ہے۔ ہم کی

ہیں جو نہ رنگ میں گلاب ہوتا ہے نہ بو میں نسترن۔ بہر حال جو تحریر آپ کے ہاتھوں میں ہے وہ گو کسی لائق نہیں لیکن اصرار احبا ناطق ہو تو ناچار اس راہ پر جانا پڑتا ہے اور مضامین فرسودہ کو کتابی شکل دینی ہی پڑتی ہے۔

میں ماہ نامہ ''شگوفہ'' اور روز نامہ ''منصف'' کا تہ دل سے شکر گزار ہوں کہ ان اداروں نے میرا لکھا شائع کر کے مجھے ادیبوں اور مزاح نگاروں میں بہر حال شامل کر دیا، نیز اردو اکیڈمی آندھرا پردیش اور زندہ دلان حیدرآباد کا بھی تہ دل سے مشکور ہوں کہ اشاعت کی سبیل پیدا کی۔ اپنے ہونہار شاگرد جناب شیخ سعدی ارشد کے لئے دعا گو ہوں جنھوں نے قدم قدم پر میرا تعاون کیا۔ اپنے چاہنے ولوں، بہی خواہوں اور سننے اور پڑھنے والوں کا بھی از حد ممنون ہوں کہ میری معمولی تحریروں پر غیر معمولی اثر پذیری دکھاتے ہوئے میری ہمت بندھائی۔ ناانصافی ہوگی اگر میں مشہور زمانہ کارٹونسٹ جناب سبحانی (دکن کرانیکل) کا شکریہ ادا نہ کروں جنھوں نے نہایت محبت سے خاکسار کا کارٹون بنایا۔

یہ میری پانچویں مزاحیہ تصنیف ہے۔ جب شائقین طنز و مزاح نے میری چاروں تصانیف کو شرف قبولیت بخشا ہے تو امید ہے کہ یہ پانچویں تصنیف بھی منزل پذیرائی سے گزر جائے گی۔ میں اپنے دامن کو اظہار و تنقید کے لئے مدام وا رکھتا ہوں، اور امید کرتا ہوں کہ پڑھنے والے نہ صرف اس کتاب کو پڑھیں گے بلکہ غور سے پڑھیں گے تا کہ اہل نظر کے نقد و بصر سے استفادہ ممکن ہو سکے۔

ڈاکٹر سید عباس متقی

۱۴ اکتوبر ۲۰۰۷ عیسوی

کچرا

کچھ دنوں پہلے کی بات ہیکہ ہم دفتر سے تھکے ماندے گھر میں داخل ہوئے تو دیکھا کہ ہماری بیوی ہمارے تمام بچوں کو اس بری طرح پیٹ رہی تھی گویا وہ انسان کے بچے نہ ہوں بلکہ بیل کے بچے ہوں۔ ہم خود بھی اپنے بچوں کو پیٹنے سے گریز کرتے ہیں اور ان کی ماں یعنی اپنی بیگم سے بھی یہی التماس کرتے ہیں کہ پٹنا ان کو چاہیے جن کے پیٹ بھرے ہوں۔ مال حرام سے۔ یہ ایک متوسط خاندان کے معصوم چشم و چراغ ہیں۔ غربت اور افلاس نے خود انہیں ایسا پیٹا ہے کہ مزید کسی کے پیٹنے کی ضرورت نہیں۔ لیکن ماں اگر اپنے بچوں کو پیٹ نہ سکے تو ان کی سگی ماں ہونے میں شائد دو اسکو شبہ ہونے لگتا ہے۔ ہماری بیوی بہر حال و بہر صورت ایک مطلق العنان ماں ہے چنانچہ اپنے بچوں کو نہایت فراخی سے پیٹا کرتی ہے۔ دونوں ہاتھوں سے۔ اور جب بچوں کو پیٹ کر تھک جاتی ہے تو اسکی پاداش میں اپنا ماتھا پیٹ لیتی ہے۔ ایسے موقعوں پر ہم دخل در معقولات نہیں ہوتے مبادہ لینے کے دینے نہ پڑ جائیں۔ غرض وہ پیٹ رہی تھی اور بچے خوشی خوشی مار کھا رہے تھے گویا وہ مار نہ ہو نرم ولذیذ کیلے ہوں۔ ہم نے ڈانٹ کر بچوں سے دریافت کیا کہ آخر تم لوگ اس طرح پٹ کیوں رہے ہو۔ یہ انداز گفتگو کہ سوال ظالم سے نہ ہو بلکہ مظلوم سے ہو ہم نے خالق کونین سے سیکھا ہے۔ بروز حشر خداوند عالم زندہ در گور کر دیئے جانے والی معصوم بچی سے پوچھے گا ـ بای ذنب قتلت ـ تجھے کس ظلم کی پاداش میں زندہ دفن کیا گیا ہے۔ یہ تیور نہایت غضبنا کی اور از حد برہمی کی علامت ہے۔ یقیناً پدر ظالم دختر مظلوم کے آگے شرمسار ہوگا۔ عین ممکن ہے کہ جہیز کے لیے نذر آتش کی جانے والی دلہنوں سے بھی اللہ میاں کچھ ایسا ہی سوال کریں۔ اور معلوم نہیں کہ اس وقت اہنسا کے علم بردار اور پراچین سبھیتا کے پرچارک اس سوال سے بچنے کے لیے کس نعرہ کا سہارا لیں گے۔ سوال تو ہمارا بچوں سے تھا لیکن بچوں کی ماں نے فریاد احتجاج اور اعلان تینوں کو ملا ملا کر لکچر پلایا۔ تین دن

سے کچرا سڑ رہا ہے۔کوئی بچہ کچرا پھینکنے راضی نہیں۔اچانک گھر میں کوئی مہمان چلا آئے تو گھر کو گھٹر خیال کرے گا۔بڑے سے چھوٹے تک سب کچرا کرتے ہے اور کچرا پھینکنے سے روتے ہیں۔چیختے چیختے گلا بیٹھا جا رہا ہے۔کیا مجال جو کوئی بچہ میری بات مانے۔ہم نے کہا نیک بخت دور بدل گیا ہے۔کچرا کرنا اور ہے ۔کچرا پھینکنا اور۔کچرا کرنا اس دنیا کا دستور ہے لیکن کچرا دور کرنا اس دنیا کا وطیرہ نہیں۔بچوں ہی کا کیا گلہ جب ملک و ملت اپنے کچرے سے بے نیاز ہو اور اسے دور کرنے کی کوئی سعی نہ کرے تو بچے کوئی افلاطون نہیں کہ کچرے کی عفونت اور اس کے مضر اثرات سے باخبر ہوں۔لاؤ کچرا مجھے دو میں ہی اسے اٹھا کر پھینک آتا ہوں۔ہم اکثر ایسا ہی کرتے ہیں۔جو کام ہمارے بچے نہیں کرتے وہ بلا جبر و کراہ ہم کر گذرتے ہیں۔عمر معاش اور مجبوریوں نے ہمیں اس مقام پر پہنچا دیا ہیکہ اب ہم بچوں ہی کے کام کے رہ گئے ہیں۔ہم نے سوچا تھا کہ معاشیات میں ڈاکٹریٹ کرنے کے بعد فکر معاش سے بے نیاز ہو جائے گے۔کیا پتہ تھا کہ ہماری اس ڈاکٹریٹ کی سند سے ہماری اقتصادی خوش حالی میں اضافے کی بجائے ہمارے کمرے کے کچرے میں اضافہ ہوگا۔

بہر حال یہ کچرا جو باعث فساد تھا واقعی کچھ زیادہ تھا۔کامل ایک ٹوکرا۔درآنحالیکہ اس میں پھلوں کے چھلکے ہرگز نہیں تھے۔جس کچرے میں پھلوں کے پوست ہوتے ہیں وہ معیاری کچرا ہوتا ہے۔ہمارے گھر کے ایسے نصیب کہاں کہ کچرے میں سیب اور بادام کے چھلکے ہوں یا مرغ و ماہی کے بال و پر۔ہمارے گھر کا کچرا پیاز کے چھلکوں پر مشتمل ہوتا ہے۔کوئی اس حقیقت بیانی سے یہ خیال نہ کریں کہ ہم اپنے کچرے کا کچرا کر رہے ہیں ویسے کچرے کا بھی کہیں کچرا کیا جاتا ہے۔اسی لئے تو ہم محکمہ بلدیہ کو برا بھلا کہنے کے قایل ہیں نہ محکمہ پولیس کو۔البتہ ہم دعا کے منکر نہیں۔ہمارا عقیدہ ہے کہ جن دروازوں سے دعائیں درجہ قبولیت تک پہنچتی ہیں وہ ابھی وا ہیں۔ہوسکتا ہے کہ دعاؤں کے نتیجے میں شریف لوگ برسر اقتدار آجائیں ووٹوں کے ذریعہ تو ایسا ممکن نظر نہیں آتا۔ملک جن حالات سے گذر رہا ہے اس کا ایک ہی علاج ہے یا تو سب کے سب انسان بن جائیں یا کم از کم سب کے سب حیوان۔حیوانوں میں فسادات نہیں ہوتے۔نہ جنگل میں کرفیو لگتا ہے۔نہ بیابانی میں انکاؤنٹر ہوتے ہیں' بندر بم اندازی نہیں کرتے۔لنگور لہو کی ہولی نہیں کھیلتے۔شیر شراب کا کاروبار نہیں کرتا۔اور نہ اس کے بل پر کسی صوبے کی منسٹری حاصل کرتا ہے۔ببر بابری مسجد ڈھاتے ہیں۔نہ تیندوے ترشول تقسیم کرتے ہیں۔نہ زراف زہر اگلتے ہیں۔پھر جنگل میں فسادات کیوں ہونے لگیں۔یہی تو وجہ ہے کہ جی چاہتا ہے کہ شہر کی نحوستوں کو چھوڑ کر جنگل کی براتوں میں پہنچ

جائیں وہاں یکساں سول کوڈ کے اندیشے بھی نہیں۔ نہ شیر کو گھانس کھانے پر مجبور کیا جاتا ہے نہ لنگوروں کو لنگوٹ باندھنے پر۔ خدا نے جس کے لیے جو قانون بنایا ہے تمام جانور اس پر بادل نخواستہ نہیں بلکہ بہ طیب خاطر تادم حیات عمل کرتے ہیں۔ جانور خواہ کتنے ہی ترقی یافتہ کیوں نہ ہو جائیں گھوڑے ہنہنائیں گے۔ اور گدھے رینکیں گے۔ جانور اس نکتے کو خوب جانتے ہیں کہ خدا کا قانون جانوروں کے قانون سے اچھا ہوتا ہے۔ بلکہ جانور اپنا قانون آپ نہیں بناتے بلکہ خدائی قانون پر تادم مرگ کاربند رہتے ہیں۔ اگر گدھے دھاڑنے لگیں اور شیر رینکنے لگیں تو جنگل کا عالم کیا ہوگا۔ جو ذرہ جس جگہ ہے وہیں آفتاب ہے۔ ہم کچھ ایسے ہی خیالات لئے کچرے کا ٹوکرا اٹھالیا اور والہانہ انداز سے خارج از خانہ ہوئے۔

کچرا بھی کیا چیز ہے جب تک منتشر رہتا ہے کسی کو پھینکنے کا خیال نہیں آتا اور جب یہی کچرا ایک جگہ جمع ہو جاتا ہے تو اسے پھینک آنے پر مجبور ہونا پڑتا ہے۔ کچرا جب تعین و تعفن کو پھلانگ جاتا ہے تو شریف لوگ اسے جلانے پر مجبور ہو جاتے ہیں۔ اور ذات شریف قسم کے لوگ کچرے سے نکلنے والے شعلوں سے اپنے ہاتھ تاپتے نظر آتے ہیں۔ ہاتھ تاپنے والوں کو شعلے چاہیے انہیں اس سے کوئی غرض نہیں کہ یہ شعلے خشک لکڑیوں سے اٹھ رہے ہیں یا کچرے کے انبار سے بلکہ بعض لوگ تو انسانی جسموں سے اٹھتے ہوئے شعلوں سے بھی اپنے ہاتھ تاپنے سے گریز نہیں کرتے۔ ہم سوچتے ہیں کہ کہیں دوزخ وہی جگہ تو نہیں جہاں اقطاع عالم کا انسانی کچرا جلایا جاتا ہو۔ واقعہ یہ ہے کہ جو انسان اپنے مالک کی تابع داری نہ کرے اور کفر و طغیان کی نجس وادیوں میں کھو جائے اس کا ٹھکانا جہنم ہے۔ تخلیق اگر مقصد تخلیق سے ہٹ جائے اور مائل تعمیر کی بجائے قائل تخریب ہو تو یقیناً وہ کچرا ہے اسے جلا دیا ہی جانا چاہیے۔ وقودھا الناس والحجارا۔ کچرے کو انسان ہی نہیں جلاتے خالق کائنات بھی جلاتا ہے۔ ویسے کچرے کو دنیا لاکھ برا بھلا کہے ہم کبھی کچرے کو برا بھلا نہیں کہتے۔ کیوں کہ کچرے کی برائی کرنا گویا ان تمام اشیاء کی غیبت ہے جن سے کچرا برامد ہوتا ہے۔ گیہوں کا بھوسہ اگر کچرا کہا جاتا تو گیہوں کے مول نہ بکتا۔ سیب کا پوست اگر کچرا ہے تو اسکی قیمت کیوں ہے۔ کیا کیلے بغیر چھلکوں کے فروخت ہو سکتے ہیں۔ دودھ کا غذ کے ڈبے یعنی اپنے کچرے کے بغیر مچل بھی سکتا ہے۔ دنیا کی ہر چیز کے ساتھ ایک اور چیز بھی ہوتی ہے۔ جب تک وہ اپنی اصل سے منسلک رہتی ہے کچرا نہیں گردانی جاتی بلکہ اسے ضرورت، حفاظت اور حسن کا نام دیا جاتا ہے۔ اور جب یہی چیز اپنی اصل سے جدا ہو جاتی ہے تو کچرا کہلاتی ہے۔

بشنو از کچرا حکایت می کند
از جدائی ہا شکایت می کند

جب تک چیز اپنی ذات میں داخل ہے یا ذات سے پیوست ہے لاکھ بری ہو اپنی ہے اور اپنائیت کا یہ عالم کہ سینے سے لگی قلب وجگر سے قریں ہے۔ اور جب یہی چیز اپنی ذات سے جدا ہو گئی مانو کچرا ہو گئی لیجیے تصور سے گھن آنے لگی۔ جب تک بال سر پر رہتے ہیں سر کا حسن ہوتے ہیں۔ ان میں تیل ڈالا جاتا ہے۔ کنگھی کی جاتی ہے۔ آئینہ میں دیکھ دیکھ کر سنوارے جاتے ہیں۔ اور جب یہی بال تراش خراش کی منزل سے گزرتے ہیں تو انہیں چھونا تک گوارہ نہیں کیا جاتا۔ ہم سوچتے ہیں کہیں یہ خودغرضی تو نہیں لیکن نہیں یہ خودغرضی نہیں ہے۔ یہ تو عین انصاف ہے۔ بستر پر بچھائے ہوئے موتیا کے پھول ہوں کہ زلفوں میں سجائے گئے گلاب' دوسرے دن مرجھا جاتے ہیں ان کا ٹھکانہ کچرا ہے۔ ناکارہ بلب سے روشنی نہیں ہو سکتی اس کا ٹھکانا کچرا ہے۔ کون منقطع ناخون پر پینٹ لگائے ان کا ٹھکانا کچرا ہے۔ شکستہ آئینہ میں کون صورت دیکھے اس کا ٹھکانہ کچرا ہے۔ شائد یہ بھی صحیح ہو کہ جن ڈگریوں سے روٹی روزگار نہ ملتا ہو ان کا ٹھکانہ کچرا ہے اور عین ممکن ہے کہ یہ بھی درست ہی قرار پائے کہ جس حکومت سے ملک کو امن اور ملک والوں کو انصاف نہ ملے اس کا ٹھکانہ کچرا ہے۔ لیکن کچرے کی افادیت کو تسلیم کیے بغیر بھی تو چارہ نہیں۔ ہم جس کاغذ پر یہ مضمون لکھ رہے ہیں۔ کیا غضب ہے کہ وہ کچرے کی دین ہے۔ اور جس اخبار میں یہ مضمون چھپتا ہے وہ خود بھی کچرے کی پیدوار ہے اب کچرے کی چیز پر کبھی ''کچرا'' چھپ بھی جاتا ہو تو تنقید نگاروں یہ حق حاصل نہیں کہ کچرے کی اشاعت پر حرف گیری کریں۔ اس سے خود تنقید کے کچرے کا احتمال ہے۔ پلاسٹک کی بنی ہوئی اکثر اشیاء کچرے سے چنی گئی اشیا کا نعم البدل ہوتی ہیں۔ ایک حسین و ماہ جبین و نازنین ماڈل نے ہم سے کہا کہ آپ خدا کے لیے سنگترے کے پوست کو کچرا نہ کہیں۔ آئی مین۔ میرے پھول جیسے رخساروں کی رونق اسی کچرے سے ہے۔ ہم نے دل ہی دل میں کہا تبھی تو لوگ تمہیں بھی کچرا سمجھتے ہیں۔ یہ کچرا کچرا نہ ہوتا تو شمع محفل نہ ہوتا۔ چراغ خانہ ہوتا یہ اور بات ہے کہ بعض ناعاقبت اندیش لوگ رونق محفل کو زینت خانہ بنانے کی آرزو رکھتے ہیں۔ انھیں کیا معلوم کہ کچرے سے اجتناب کیا جاتا ہے۔ کچرے کا انتخاب نہیں۔ ہم ایسے ہی فلسفیانہ خیالات میں گم تھے کہ کچرے کی کنڈی آ گئی۔

باوجود اپنی ناگفتہ بہ مفلوک الحالی کے ہم باغ عام کی سیر کے عادی ہیں۔ بنجارہ ہلز اور عابڈز کی کشادہ ورنگین شاہ راہوں پر چہل قدمی ہمارا وطیرہ ہے۔ معطر آنچلوں کے سائے اور معنبر زلفوں کی پر

چھائیاں ہر محروم انسان کی طرح ہمیں بھی پسند ہیں۔لیکن وقت۔ جب وقت آتا ہے تو آدمی پارلمنٹ سے پاگل خانے تک پہنچ جاتا ہے معمول بن کر اور اسمبلی سے اصلاح خانے تک پہنچ جاتا ہے عامل بن کر۔ ہم تو ایک رومان پرست شاعر ہیں خیالوں کی رنگین وادیوں سے نکل کر کچرے کی کنڈی تک پہنچ گئے تو کون سی تعجب کی بات ہے۔شائد صفی اورنگ آبادی نے صحیح کہا ہے۔

اے صفی وقت کو برا نہ کہو

مدتوں بعد کنڈی کے درشن ہوئے تھے۔کنڈی کچرے سے ابل رہی تھی جیسے مدہوش ساقی نے ساغر چھلکا دیا ہو۔ویسے جس ملک میں کھوپڑیوں سے زہر اور قلوب سے تعصب ابلتا ہو وہاں گٹر سے گندگی اور کنڈیوں سے کچرا ابل پڑے تو اس میں حیرانی کی کیا بات ہے۔دور دور تک کچرہی کچرا تھا۔گویا وہ کچرا نہ ہو کچرے کا سمندر ہو۔اور ہم کچرے کے کنارے کھڑے کچرے میں اضافہ کی سوچ رہے تھے۔ کچرا اگر قاعدے اور قانون سے پھینکا جائے تو تہذیب و تمدن' حفظان صحت اور شہریت کا کچرا نہ ہو۔عام طور پر لوگ کچرا اس اہتمام سے پھینکتے ہیں کہ ایک کا کچرا دوسرے کے گھر چلا جاتا ہے بن بلائے مہمان کی طرح۔محکمہ بلدیہ نے اپنی ولادت کی اولین ساعتوں میں شاہ راہوں پر جو کچرا دان نصب کیے تھے ان میں سب کچھ تو نظر آتا ہے کچرا نظر نہیں آتا۔نظر آئے بھی تو کیوں؟ جب ہم مونگ پھلی کے چھلکے بس کی سیٹ کے نیچے۔مشروبات کی خالی بوتلیں تھیٹر کی نشستوں کے نیچے۔کھانسی کا حاصل عمدہ دیواروں پر۔پان کے نتائج شرفاء کی پشت پر اور سگریٹ کی باقیات دوسروں کے گریبانوں میں دیکھنے کے خوگر ہیں۔

ہم نے بہتیرے بظاہر معقول لوگوں کو کیلے کھا کر اس کے چھلکے معشوقانہ بے نیازی کے ساتھ فٹ پاتھ کے بیچوں بیچ پھینکتے دیکھا ہے تاکہ لوگ کولھے کے بل گریں اور اٹھنے کی آرزو میں دنیا سے اٹھ جائیں۔کیلے کے چھلکے کو ہم کچرے میں سب سے زیادہ نمبر دیتے ہیں کہ یہ ظالم گراتا ہے تو وقت کی طرح اور پھسلاتا ہے تو بخت کی طرح۔ہمارا نجی احساس ہے کہ کچرے کی نکاسی کا عمل دیگر نکاسیوں کی طرح سنجیدہ ہونا چاہیے۔اس معاملے میں ترقی یافتہ ممالک لائق تعریف ہیں کہ ان کے ہاں کچرا ہی معیاری نہیں ہوتا بلکہ کچرے کی نکاسی کا عمل بھی معیاری ہوتا ہے۔سنا گیا ہے کہ لندن کے کچرے میں صوفہ سیٹ اور پیرس کے کچرے میں بیڈ روم ملا کرتے ہیں دوسری بات سے ہمیں اتفاق نہیں ممکن ہے راوی نے کچرے میں بیڈ روم دیکھے ہوں۔اخلاق اور اقدار کے اعتبار سے بھی چیزیں تمثیلی شکل و شباہت میں نمودار ہوتی ہیں۔

اور شریف انسانوں کی آنکھیں محض اشکال متخیلہ سے دھوکہ کھاتی ہیں۔ ورنہ جو ہے نظر آ ہی جاتا ہے۔ ریال و دینار کی دنیا سے آنے والوں کا بیان ہے دروغ بر گردنِ راوی کہ وہاں کچرے میں موٹر کاریں تک نظر آتی ہیں۔ اگر ہم وہاں ہوتے تو موٹر نشین ہوتے کم بخت یہاں تو کردار کا کچرا کیے بغیر پانی کی موٹر تک ہاتھ نہیں آتی۔ تاہم جب سے بیروزگاروں کا تبادلہ زور و شور سے ہو رہا ہے سنتے ہیں کہ وہاں بھی کچرے کا معیار مسلسل گرتا جا رہا ہے۔ کچرا کوئی ریال تو نہیں جس کا معیار مدام مائل بہ لوچ رہے۔

الغرض ہم کچرے کا ٹوکرا خالی کرنے کا ارادہ کر ہی رہے تھے کہ گھوڑ پر دور کہیں جھگڑے کی آوازیں سنائی دینے لگیں۔ تعجب ہوا کہ کچرے میں بھی جھگڑا۔ آوازیں کچھ انسانی کچھ حیوانی تھیں۔ گھوم کر دیکھا تو معلوم ہوا کہ دو چار کتے ایک انسان سے لڑ رہے ہیں اور انسان کتوں پر فتح پانی کی کوشش کر رہا ہے۔ آج کا انسان جنگل کے شیروں پر تو فتح پا سکتا ہے۔ لیکن شہر کے کتوں پر فتح پانا اس کے لیے ممکن نہیں۔ کالے اور سفید دونوں کتوں نے شہر کے شہر خراب کر رکھے ہیں۔ وجہ فساد کسی پر تکلف و پر اسراف دعوت کی بچی ہوئی بریانی تھی جس پر کتوں کے ساتھ انسان نے ہلہ بول دیا تھا۔ شرافت اور لیاقت کی کساد بازاری کے اس دور میں کسے اولیت حاصل ہے اس سے بحث نہیں ہوتی۔ البتہ یہ دیکھا جاتا ہے کہ کسے سیاسی زور حاصل ہے اب یہی دیکھیے رزق کو رزّق کہنے والے 'معنون کو مانون پڑھنے والے دانشیار ہیں اور بغلوں میں ید بیضا کی طرح عالمانہ تصانیف دبائے رزق کے بارے ہال جبریل کے بجائے کسی مکتب میں بچوں کو دو کا پہاڑہ یاد دلاتے ہیں۔ غرض گھوڑ پر آدمی اور کتوں میں لڑائی جاری تھی ایک آدمی چار کتوں سے کہاں جیت سکتا ہے۔ وہ بیچارہ شکست خوردہ کاندھے سے کچرے کا تھیلا اتار کر بیٹھ گیا اور پلاسٹک چننے لگا۔ اور کتے باآواز بلند بریانی کھانے لگے۔ ہمیں بہت عبرت آئی دل ہی دل میں شکر ادا کیا کہ ڈی لٹ کر رہیں ہیں۔ کچرا نہیں چن رہے ہیں۔ ڈی لٹ کے بعد کیا کریں گے یہ کہہ نہیں سکتے کچرا ابھی چن سکتے ہیں۔ آخر وہ انسان بھی انسان ہی ہے جو کچرا چن کر روزی کماتا ہے۔ بلکہ کچرا چننے والا انسان ان انسانوں سے ہزار درجے بہتر ہے جن کے کرتوت کے سبب انسانی اعضا بیچے جاتے ہیں۔ جو بظاہر سفید پوش ہیں لیکن درحقیقت سیاہ باطن ہیں۔ جن کے تجمل اور طمطراق کے پیچھے ایسا تعفن پوشیدہ ہے جن سے ہزار کچرے کی کنڈیاں پناہ مانگتی ہیں۔ جن کے بارے میں "اولٰئک کالانعام" ہی نہیں فرمایا گیا بلکہ "بل ھم اضل" کا طرہ امتیاز بھی بخشا گیا ہے۔ ویسے ہندوستان جنت نشان ہے۔ حکومت کسی کو کسی کام سے نہیں روکتی بس کام تعزیرات ہند کی زد میں نہیں آنا چاہیے۔ ورنہ انسان تقدیر کی زد میں آ جاتا ہے۔

کچرے کی کنڈی پر ہم اکیلے نہیں تھے اور دو ایک صاحبین کچرا پھینکنے بہ نفس نفیس تشریف لائے تھے۔ شاید ان کی اولاد بھی ناخلف تھی۔ اولاد کا ناخلف ہونا آج کا فیشن بلکہ آج کی تہذیب کا مشن ہو گیا ہے۔ اگر اولاد نافرمان نہ ہو تو اس کے تعلیم یافتہ ہونے میں شبہ ہونے لگتا ہے۔ ایک ضعیف آدمی سے ہم نے دریافت کیا کہ حضرت آپ نے یہ کچرا پھینکنے کی زحمت کیوں گوارہ کی۔ موصوف نے اپنے پوپلے منہ سے جواب دیا۔ میرے دو لڑکے ہیں ایک ڈاکٹر ہے دوسرا انجینئر کچرا باپ نہیں پھینکے گا تو کون پھینکے گا۔ ہم نے مکرر سوال کیا۔ کوئی نوکر چاکر کہنے لگے دونوں بیروزگار ہیں۔ ہمیں یکبارگی خیال گزرا گویا دونوں کچرا ہیں۔ اور کچرے کو کچرا پھینکنے میں عار کیسا۔ لیکن کیا کیجئے۔ شہر کی حالت ہی ایسی ہے کوئی اپنی حیثیت پہچاننے راضی ہے نہ صورت۔ بڑے میاں چلے گئے تو دوسرے ضعیف العمر شخص کی طرف متوجہ ہوئے جو کچرے سے جوتوں کی ڈوریاں چن رہا تھا۔ ہمیں بہت حیرانی ہوئی کہ کیا کچرا بھی تلاشا جاتا ہے۔ مگر فوراً خیال آیا' اس مشاہدہ کے ہم تنہا شاہد نہیں۔ غالباً مرزا غالب بھی اس تجربے سے گزرے تھے تبھی تو انھوں نے کہا تھا۔

کریدتے ہو جواب راکھ جستجو کیا ہے

بڑے حضرت بڑے فرلیس تھے ہماری حیرانی کو بھانپ کر خود ہی گویا ہوئے بچے جب جھاڑو دیتے ہیں تو کام کی چیزوں کو بھی کچرا سمجھتے ہیں یہ دیکھیے جوتے کی ڈوریاں اور یہ چھوٹے سرمائی موزے۔ وقت پڑنے پر ان چیزوں کی شدت سے تلاش ہوتی ہے۔ بوڑھا بڑبڑا رہا تھا۔ بیچارے کی بڑبڑاہٹ ہزیان ہرگز نہیں تھی۔ اس میں معانی و مفاہیم کے دریا موجزن تھے۔ دنیا ہم بوڑھوں کو کچرا سمجھتی ہے ناکارہ خیال کرتی ہے۔ بوجھ تصور کرتی ہے۔ اگر ہم نہ ہوتے تو سینہ تان کر چلنے والے کہاں سے آتے خدا ہماری ضعیفی پر رحم کھا کر جوانوں کو رزق دیتا ہے اور جوان ہم ضعیفوں کو کچرا سمجھتے ہیں۔ بھول جاتے ہیں ''وبالوالدین احسانا''...... ممکن ہے اس دوسرے ضعیف کی اولاد پیشرو سے زیادہ لائق رہی ہو کہ وہ زیادہ دکھی لگ رہی ہو۔ بوڑھا کچرا پھینک کر جانے لگا۔ ہم نے اسے غور سے دیکھا اس کے ہاتھوں میں رعشہ کے علاوہ ایک ٹوکرا' دو ڈوریاں اور دو چھوٹے سرمائی موزے تھے۔

کچرا پھینک کر ہم نے بھی ان لوگوں کی راہ لی تھانی اور دو قدم چلے ہی تھے کہ کانوں میں آواز آئی ''ٹھہر ذرا او جانے والے'' ہمارے آگے بڑھتے ہوئے قدم اچانک رک گئے۔ ماحول نے قدرے ملول و متحیر کر دیا تھا۔ یہ آواز کیسی۔ یہ کسی کی صدا تھی یا صدائے بازگشت لیکن محلہ سے دور کچرے کی کنڈی

کے پاس کون تھا۔کوئی نہیں۔ہم کچرے کے تعفن سے فرار کی سوچ رہے تھے۔گندگی ہر سمت اور ہر جہت سے ابل رہی تھی۔سڑاند سے ناک کے کیڑے جھڑ رہے تھے۔لیکن ہمارے کان برابر اس آواز کا تعاقب کر رہے تھے۔ہم نے سن رکھا تھا کہ کچرے کے انبار میں شیاطین ہوتے ہیں۔بس سارے بدن میں جھرجھری سی دوڑ گئی۔"ڈرو نہیں.......... میں کچری کی کنڈی.......... اگر انسان کچرے کی کنڈی سے بھی ڈرنے لگے تو وہ گدھے سے بھی گیا گزرا ہو گیا کہ گدھے کس شانِ دلربائی سے کچرے پر کافذ چرتے ہیں۔" کنڈی گویا تھی۔"........... ذرا میرے اندر دیکھو........... سارے محلے کی غلاظت کا بوجھ لیے کتنی خاموش کھڑی ہوں۔لوگ مجھ پر ہر قسم کی گندگی لاد دیتے ہیں۔حتی کہ وہ بھی جو لائقِ تدفین ہوتی ہے..........." ہم ہمہ تن گوش تھے "ادھر دیکھو...... اترا ہوا کھانا کتنی مقدار میں پھینکا گیا ہے۔کیا یہ سائلین و مساکین کا حق نہیں تھا۔لوگ خساست کے سبب ضرورت مندوں کو نہیں دیتے اور جب کھا نہیں سکتے اور چیزیں خراب ہو جاتی ہیں تو میرے حوالے کر دیتے ہیں۔یہی حال ان مال داروں کا ہے جو زندہ رہنے تک کسی کو کچھ نہیں دیتے اور جب مرنے لگتے ہیں تو کم بخت کچھ اپنے ساتھ لے کر بھی نہیں جاتے..........." کس قدر تعفن ہے ہم نے رومال نکالکر ناک پر رکھ لیا لیکن کان کھلے تھے آواز برابر آ رہی تھی۔"یہاں دیکھو بہتر غذاؤں کے خراب نتیجے نہیں معلوم آدمی کے معدے میں کیا ہوتا ہے جو خوشبودار چیزوں کو متعفن چیزوں سے بدل دیتا ہے۔آدمی اپنی صحبت کے مآل پر غور کر لے تو ہوس مال میں گرفتار نہ ہو۔بلکہ قلتِ طعام کی صوفیانہ روش پر گامزن ہو جائے۔ایک رات کی صحبت نے قیمتی چیزوں کی قیمت خراب کر دی۔یہ ایک وقت ہی کی صحبت ہوتی ہے جو کسی چیز کو کہیں کا رہنے نہیں دیتی۔ہم کچرے کی کنڈی سے بھاگنے کی کوشش کرنے لگے کہ پھر آواز آئی "........... کیوں بیزار ہو گئے تھوڑی دیر میری صحبت نہیں رہ سکتے۔میں نہایت بدصورت و بدہیئت ہوں اس لیے تنفر ہو۔کاش میں بھی اسمبلی اور پارلیمنٹ کی طرح عالیشان اور خوبصورت ہوتی.........." پھر ہمارے کانوں میں کنڈی کے قہقہے سنائی دینے لگے۔ہم اس کی تلخ نوائی سے کچھ پریشان سے ہو گئے اور کچرے کا خالی ٹوکرا لیے گھر کی طرف بھاگنے لگے........... دور کہیں پرانی فلم "بوٹ پالش" کا گیت چل رہا تھا۔

" ٹھہر ذرا او جانے والے بابو مسٹر گورے کالے...... کب سے آس لگائے بیٹھے ہم متوالے پالش والے ہم متوالے پالش والے......"

☆☆☆

ہم بھی اگر کتے ہوتے

جب سے کتوں نے زلزلے میں بچ جانے والے انسانوں کو سونگھ سونگھ کر کھوج نکالا ہے۔انسانوں نے ان کی پزیرائی میں کوئی کسر اٹھا نہیں رکھی ہے اور جگہ جگہ ان کی تہنیتی تقریبات منعقد ہو رہی ہیں اور رہ رہ کر ہمیں کتوں پر رشک آرہا ہے۔ہم سوچتے ہیں کہ اگر ہم بھی کوئی اعلیٰ ذات کے کتے ہوتے تو شائد ہماری بھی تہنیتیں ہوتیں نام ہوتا اور عزت افزائی ہوتی اور ہم بھی بھونک بھونک کر مبارکبادیاں وصول کرتے۔لوگ تالیاں بجا بجا کر ہمیں شاباشی سے نوازتے اور زور زور سے چیختے ،شیرو زندہ باد ،ٹائیگر پائندہ باد۔اور ہم خوشی سے اپنی دم ہلا ہلا کر انسانوں پر اپنی فوقیت جتاتے اور اپنے کتا ہونے پر فخر کرتے۔اس کا مطلب ہرگز یہ نہیں کہ عزت افزائی کا حق صرف کتوں کو حاصل ہے،ہمارا مطلب صرف اس قدر ہے کہ کتوں کو بھی حاصل ہے۔بات دراصل یہ ہے کہ کتوں نے کارنامہ ہی وہ انجام دیا ہے کہ تہنیتی تقریبات کتوں پر واجب ہوگئی ہیں۔زلزلہ کے متاثرین کے لئے کتوں کی خدمات بہر حال لائق تحسین ہیں۔منوں مٹی کے نیچے دبے ہوئے انسانوں کی بازیافت کر کے کتوں نے بتادیا ہے کہ خدا نے کوئی شئے بیکار نہیں پیدا فرمائی ہے۔خواہ وہ نام نہاد لالچی کتا ہی کیوں نہ ہو۔وما خلقت ھذا باطلا۔

کتوں سے ہمیں چڑھ البتہ اس لیے ہے کہ کم بخت کارنامے انجام دیتے ہیں تو انسان ان کی تہنیتی تقریب منعقد کرتا ہے اور کتوں کی دل جوئی و پزیرائی میں کوئی کسر اٹھا نہیں رکھتا اور ایک ہم ہیں کہ بچپن سے پچپن تک نہ جانے کتنے کارنامے انجام د

ہے لیکن ہمارے کارنامے ہنوز منت کش پزیرائی ہیں۔عموماً ہم مرتبہ لوگوں میں حسد ہوتا ہے اور ہم حیثیت لوگوں میں چشمکیں چلتی ہیں اور ہماری تقدیر ہے کہ کتوں سے حسد ہو رہا ہے اور چشمکیں چل رہی ہیں۔خدا کتوں کو غارت کرے ہمیں کتا بنا ڈالا۔اب تو حسد کے جراثیم اس درجہ بڑھ گئے ہیں کہ گز بھر زبان سینے پر لٹک آئی ہے۔ہانپ ہانپ کر کتوں کی برائی کر رہے ہیں،اور بھونک کر غیبت کر رہے ہیں۔جی میں آتا ہیکہ رات کی تاریکی میں آسمان کی جانب منہ اٹھائے میاں تان سین کی طرح سر کھینچیں تاکہ شاستریہ سنگیت کے متوالے اپنا سر کھینچنے کے تاحیات ہمت نہ کرسکیں۔خدارا اس کا کوئی مطلب ہرگز یہ نہ نکالے کہ موجودہ بے سرے موسیقار کتوں کی قبیل سے ہیں۔اگر اندیشہ ہائے دور و دراز ہوں بھی تو لاکھوں بے سرے اور بدمذاق لوگوں کی بھیڑ نفی کر دے گی۔کیا قیامت ہیکہ ''کتا'' کارنامہ انجام دیتا ہے تو اس کی تہنیت کی جاتی ہے اور ہمارا دل جلانے کے لئے اس تہنیت کی تشہیر بھی کی جاتی ہے اور ہم کارنامے پر کارنامے انجام دیتے دیتے بوڑھے ہو گئے اور دنیا نے ہمیں بوڑھے باپ کی طرح یا خود باپ نے اپنے باپ کی طرح چھوڑ دیا ہے۔گو کتوں نے انسانوں کی بازیافت کی ہے لیکن ہم نے تو انسانیت کی بازیافت کی ہے۔کوئی مانے یا نہ مانے کتوں میں اور ہم میں زمین آسمان کا فرق پایا جاتا ہے۔کتا جانور ہے اور ہم انسان ہیں۔یہ اور بات ہے کہ جب کوئی کتا صفت اپنے کتے پر اتر آتا ہے تو ہم بھی جولاً جانور ہو جاتے ہیں۔کیوں کہ اس کی شدید ضرورت لاحق ہوتی ہے۔کبھی کبھی انسان کا حیوان ہو جانا انسانیت کی بقا کے لیے ضروری ہو جاتا ہے۔کتوں پر فتح پانے انسان کا کتا ہو جانا ہرگز کتا پن نہیں ہے۔دوسری چیز کتا جاہل مطلق ہوتا ہے اور ہم تعلیم یافتہ ہیں۔اگر لالچ نے ہمیں کتا بنا ڈالا ہے تو اس میں تعلیم کا کوئی قصور نہیں تربیت کا قصور ہے۔جب اس دنیا میں تعلیم عام ہو رہی ہے اور تربیت کا فقدان ہے تو پھر انسان کی پیداوار اگر ناممکن نہیں تو مشکل ضرور ہے۔تیسری بات کتا بولتا نہیں بھونکتا ہے اور ہم بھونکتے نہیں بولتے ہیں۔یہ اور بات ہے کہ جب غصے میں ہم بولتے ہیں تو سننے والوں کو ہمارا بولنا بھونکنا معلوم ہوتا ہے۔آواز کے زیر و بم اور انداز کے پیچ و خم اکثر اوقات یہ صورت حال پیدا کرتی ہے ورنہ نارمل حالت میں ہم جانسان ہی ہوتے ہیں ۔کتا کاٹتا ہے تو گیارہ انجکشن لینے پڑتے ہیں اور ہمارا کاٹا پانی ہی نہیں مانگتا بلکہ پانی پانی ہو کر مر جاتا

ہے۔ کتا برہنہ رہتا ہے اور ہم لباس پہنتے ہیں اگر چہ ہر لباس میں ننگ انسانیت ہی رہتے ہیں۔ کتا رات بھر جاگتا ہے اور ہم رات بھر سوتے ہیں۔ کتا جاگتا ہے تو سوتوں کو ستاتا ہے اور ہم سوتے ہیں تو کسی کو نہیں ستاتے۔ جب سے تقدیر سو رہی ہے سوتوں کو ستانے کے موقف ہی میں نہیں رہے۔ جوانی کا زمانہ اور تھا جاگنے والے ہمارے سونے کے منتظر رہا کرتے تھے تا کہ وہ آرام سے سو سکیں لیکن جوانی میں آدمی کتے کی طرح جاگتا ہے اور سوئی شخصیتوں کو جگاتا ہے اور پھر جب بوڑھا ہو جاتا ہے تو الو کی طرح جاگتا ہے اور کسی کو کوئی زحمت نہیں دیتا۔ الوؤں کے جاگنے سے کسی کو کوئی زحمت نہیں ہوتی۔ کیوں کہ کوئی الو بھونکتا نہیں۔

کتے نے میٹرک تک کامیاب نہیں کیا اور ہم نے پی۔ ایچ۔ ڈی کی ڈگری حاصل کی ہے اور ڈاکٹر بنے گلی گلی گلے میں پٹے کی طرح اپنی ڈگری لٹکائے کتے کی طرح گھوم رہتے ہیں شاید کوئی اس حیلے ہی میں ہماری تہنیت کی فکر کریں لیکن کوئی ہماری تہنیتی تقریب منعقد کرنے راضی نہیں۔ افسوس وہ بھی راضی نہیں جن کی ہم نے تہنیتیں نہایت خلوص سے کی تھی اور جو لہٰذا امیدوار تھے۔ گویا اب من ترا حاجی بگویم تو مرا حاجی بگو کا زمانہ بھی نہیں رہا۔ حیف اردو اور فارسی محاوروں پر بھی وقت آ گیا ہے۔ عین ممکن ہے کہ وہ یہ سوچتے ہوں گے کہ بلاوجہ ایک انسان کی تہنیت کر کے کیوں اسے کتا بنایا جائے۔

اب آپ سے کیا چھپائیں کچھ کتوں نے ہماری اصلی اسنادات کو جعلی قرار دیا ہے۔ خدا ان کتوں پر اپنے کتوں میں سے کچھ کتے مسلط فرمائے تا کہ وہ ان کتوں کو کتے کی موت ماریں۔ کتے کی قسمت میں تصنیف و تالیف کا کام نہیں ہوتا، اور ہم نے درجن بھر کتابیں لکھ ڈالی ہیں۔ اگر تمام نہیں تو کچھ تو اس لائق ضرور ہیں کہ انکی پزیرائی ہو لیکن ایسا معلوم ہوتا ہے کہ مزاح نگاری کے لیے مزاح نگار کا بلند پایہ مزاح نگار ہونے سے زیادہ اعلیٰ عہدہ دار ہونا ضروری ہے۔ معمولی ادیب غیر معمولی ہوتے ہوئے بھی غیر معمولی اس لیے گردانا نہیں جاتا کہ وہ بہ اعتبار معاش، عہدہ اور معیشت معمولی ہوتا ہے۔ اگر ہم بھی کوئی دولت مند، سیاست دان یا اعلیٰ عہدہ دار ہوتے تو ہماری پھسپھسی تحریروں کی دل کھول کر داد دی جاتی اور ہماری کتابوں کو دونی قیمت میں فخریہ خریدا جاتا۔ صاحب! اس دور میں صاحب ہنر ہونے سے کچھ نہیں ہوتا صاحب زر ہونا چاہئے۔ جو قوم لکھنے والوں کو محض "زیراکس" کا تک بدل نہ دے سکے اب اس قوم میں

پطرس بخاری، شوکت تھانوی یا رشید احمد صدیقی کیوں کر پیدا ہو سکتے ہیں۔ البتہ ہم جیسے لوگ پیدا ہو سکتے ہیں جن کی کوئی تہنیت نہیں ہوتی۔

کتوں کی خصلت کو دیکھتے ہوئے ہمیں چنداں کتوں کی تہنیت پر کوئی غم کرنے کی ضرورت نہیں لیکن کیا کیا جائے "حسد" کے جراثیم بہ درجہ اتم ہم میں موجود ہیں۔ انسانوں پر حسد کرتے کرتے کتوں پر حسد کرنے لگے ہیں۔ ہاں ہم یہ خوب جانتے ہیں کہ اگر آدمی کتوں سے حسد کرنا چھوڑ دے تو وہ خود کتے سے عظیم گردانا جائے گا لیکن جیسے مرزا نے کہا تھا "پر طبیعت ادھر نہیں آتی"۔ رہ رہ کر ہم اپنا مقابلہ کتوں سے کرنے لگے ہیں کہ کتا اردو نہیں پڑھتا اور ہم اردو ہی پڑھتے ہیں۔ کتوں کو اردو سے کوئی دل چسپی نہیں اور ہمیں اردو سے بے پناہ دل چسپی ہے۔ اب اگر اردو سے دلچسپی بھی ہمیں کتوں سے بلند نہ کرے تو یہ بات کتنی پست قرار پائے گی۔ اس دور میں جو اردو کا حال ہے اس سے کتے خبردار کہاں۔ اردو کتابیں پہلے تو لکھی نہیں جاتی اور اگر لکھی جائیں تو پڑھی نہیں جاتی اور اگر پڑھی جائیں تو خریدی نہیں جاتی۔ لوگ کتابیں مفت لینا چاہتے ہیں۔ غضب تو یہ ہے کہ مفت لے کر بھی نہیں پڑھتے۔ ایک زمانہ "مفتی" ہو گیا ہے۔ مرزا تو کہتے ہیں کہ جو کتابیں خریدتے ہیں وہ "خر" ہیں۔ اور جو مفت دیتے ہیں مرزا ان کے بارے میں خاموش ہیں۔

ہم نے ایک دن کتے سے پوچھ ہی لیا کہ آخر آپ حضرات میں ایسی کون سی قابل قدر بات ہے جو یوں آپ کی اس درجہ پزیرائی ہو رہی ہے اور تہنیتی تقریبات منعقد ہو رہی ہیں۔ کتے نے تو پہلے ہماری بات پر بھونک کر ہنستا رہا (اگر چہ اس کا رونا مشہور بلکہ منحوس ہے) پھر پنجے جوڑ کر عرض کرنے لگا۔ حضرت، یہ کیا کم ہے کہ کوئی کتا دوزخ میں نہیں جائے گا۔ کیا آپ یہ وثوق سے کہہ سکتے ہیں کہ کوئی آدمی دوزخ میں نہیں جائے گا؟ البتہ ہماری قبیل کا ایک کتا جنت میں ضرور جائے گا، جسے اصحاب کہف کی صحبت نصیب ہوئی ہے۔ کتے کا یہ نصیب ہے کہ کتا آدمی کی صحبت میں رہ کر آدمی کی بعض صفات کا حامل بن گیا لیکن یہ کس درجہ افسوس کی بات ہے کہ آدمی آدمیوں میں رہتے ہوئے "کتا صفت" قرار پایا۔ میں لالچی ضرور ہوں لیکن مالک کے سامنے اس صفت سے مجھے کوئی سروکار نہیں رہتا۔ چنانچہ میرے سامنے گوشت

کے ٹکڑے پڑے رہتے ہیں لیکن مالک جب تک اشارہ نہ کرے میں تازہ گوشت پر منہ نہیں مارتا، اور انسان کا یہ عالم ہے کہ وہ خوب جانتا ہے کہ اس کا مالک ہر دم اس کے ساتھ ہے، بلکہ وہ نہایت الحاح وزاری سے تلاوت کرتا ہے''وھو معکم این ما کنتم ''لیکن اس کے لالچ میں کوئی کمی نہیں ہوتی، ہر حرام شے پر منہ مارتا رہتا ہے۔ بلکہ اسے معلوم ہی نہیں کہ کون سی چیز حرام ہے اور کون سی چیز حلال۔ میں اپنے مالک کا اتنا وفادار ہوں کہ بھوک اور پیاس سے مر جاؤں گا لیکن اپنے مالک کا در نہیں چھوڑوں گا اور انسان کا یہ عالم ہے کہ قدرے نفع کے لالچ میں مالک کے دشمنوں سے ہاتھ ملا لیتا ہے بلکہ دوستوں پر پہلا تیر دشمنوں کی طرف سے پھینکتا ہے۔ حشمت وحکومت کے لیے حسینی لشکر چھوڑ کر یزیدی لشکر میں جا ملتا ہے۔ میں کتا ضرور ہوں لیکن اپنے مالک کا اس قدر روالہ وشیدا ہوں کہ میرے مالک کا دوست میرا دوست ہے اور میرے مالک کا دشمن میرا دشمن ہے لیکن آدمی کتے کی اس اعلیٰ صفت سے محروم ہے وہ اپنے مالک کے دشمنوں کا دوست اور مالک کے دوستوں کا دشمن ہے۔ مجھے آپ لاکھ کتا کہیں اور میری پزیرائی وتہنیت پر خواہ آپ کتنا ہی کیوں نہ زہر اگلیں میں یہ ضرور کہوں گا کہ کتا، کتا ہونے کے باوصف شکر گزار، سپاس گزار اور وفا شعار ہوتا ہے۔ میری اکتفا کی خو کو انسان چھو نہیں سکتا۔ میرا مالک مجھے جس قدر دیتا ہے میں اس پر راضی ہو جاتا ہوں، حرص وطمع کا شکار ہو کر مالک سے غداری نہیں کرتا لیکن آپ انسان لوگ حرص وہوا کے گھوڑوں پر سوار ہاتھوں میں نفس کے کوڑے لیے جانب سقر سرپٹ دوڑ رہے ہیں۔''لئن شکرتم لأزیدنکم'' کو بالائے طاق رکھ کر ان عذابی لشدید کے زمرے میں داخل ہو جاتے ہیں ۔درآنحالیہ کہ آپ نے اپنے بزرگوں کو خوب پڑھا ہے۔کیا آپ نے سعدی شیرازی کا یہ شعر نہیں پڑھا۔

خداوند از آن بندہ خورسند نیست
کہ راضی بہ قسم خداوند نیست

آپ حضرات شعر سن کر صرف سر دھننا جانتے ہیں، اپنے دل دھونا نہیں جانتے۔ کتے نے نہ سعدی کو پڑھا ہے نہ رومی کو لیکن تصوف کی وہ جڑ جو آپ کے ہاتھ نہیں لگی کتے نے پالی ہے۔اب یہی دیکھیے کہ کیا مجال جو کتا روٹی کی کمی بیشی پر اپنے مالک پر بھونکے لیکن انسان سراپا نسیان ہی نہیں سراپا شیطان ہوتا

ہے۔زبان درازی و دریدہ دہنی اس کا شعار ہے۔کتا محروم رہ کر بھی مغموم نہیں اور انسان مسرور ہو کر بھی مغموم ہے۔اب آپ خود سوچیے تہنیت کا حق کتے کو ہے یا انسان کو۔اور پھر آپ کی خفگی بے معنی ہے آپ ہی کے تو بزرگوں نے کہا ہے کہ کتوں میں "نو" صفتیں ایسی ہیں کہ اگر وہ انسان میں پیدا ہو جائیں تو اسے ولی کامل بنا دے۔آپ کو اس بات پر تعجب نہیں ہوتا کہ اتنی پسندیدہ صفات رکھنے والا کتا محروم التفات ہے اور آپ ادنی کتے کی صفات نہ رکھنے کے باوجود اشرف المخلوقات ہیں۔اب اس کی باتیں ہمارے لئے تیر ونشتر لگ رہی تھیں اس لئے ہم اس سے پیچھا چھڑا کر ہارے ہوئے کتے کی طرح دم دبائے تنگ گلی سے نکل گئے اور کتوں کی تہنیت اور مرحبا کا شور دور دور تک سنائی دیتا رہا۔

☆☆☆☆☆

علامہ اقبال اور شاہین سلمہ

علامہ اقبال کا نام لیتے ہی عقیدت سے دل اور محبت سے آنکھیں جھک جاتی ہیں۔ درحقیقت اقبال کے بعد پھر زبان اردو کو اقبال نصیب ہوا نہ شعر وسخن کو۔ انہوں نے جو پیغام دیا ہے وہ محض سنکر واہ واہ کرنے کی چیز نہیں بلکہ صدق دل سے اس پر عمل کرنے کی چیز ہے، تا کہ قوم وملت کو اقبال نصیب ہو، لیکن ہمیں بعض معاملات میں شاعر مشرق سے شدید اختلاف ہے مثلاً یہ کہ علامہ نے ''شاہین'' سے متعلق جن خیالات کا اظہار کیا ہے ہم انہیں درست تسلیم نہیں کرتے اور ہم یہ بھی خوب جانتے ہیں کہ ہمارے تسلیم نہ کرنے سے اقبال کے اقبال میں کوئی فرق آنے والا ہے نہ شاہین کے اقبال میں۔

ہم شاہین کو خوددار پرندے سے زیادہ خوں خوار پرندہ سمجھتے ہیں جو کسی چھوٹے پرندے کے وجود کو خدا کی بیکراں فضاء میں برداشت نہیں کرتا۔ خدارا کوئی یہ خیال نہ کرے کہ ہم شاہین کو امریکہ سمجھتے ہیں، اس کا مطلب فلسطین کو مولا قرار دینا ہے۔ اگر شاہین دوسرے پرندوں کی طرح دانہ دنکا نوش فرما کر کسی نازک سی شاخ پر آشیانہ بنا کر زندگی گزار لیتا ہے تو ہم کوئی الو ہیں جو ایسے معصوم وخود مکتفی پرندے پر اعتراض کریں۔ ہم تو ایسے پرندوں کو چاہنے بلکہ پالنے کے بھی قائل ہیں لیکن شیخ الطیور علامہ شاہین دامت فیوضہم کا یہ عالم ہے کہ انہیں کبوتر کے جھپٹنے میں جو مزہ آتا ہے وہ موصوف کو کبوتر کے مبارک خون میں بھی نہیں ملتا۔ بعض وقت تو ہم یہ سوچتے ہیں کہ یہ پرندہ، درندہ ہوتے ہوتے رہ گیا، ورنہ وہ صفات منزہ و عادات مطہرہ جو درندوں میں دکھائی دیتی ہیں وہ جناب شاہین میں بدرجہ اتم پائی جاتی ہیں۔ اگر کبھی جناب شاہین قبلہ وکعبہ سے پہاڑوں کی چٹانوں میں ملاقات ہو جائے تو ہم دست بستہ ان سے ضرور پوچھیں گے کہ ان کی بعض حرکتیں انہیں ان کے آبا واجداد سے ملی ہیں یا انہوں نے عزازیل، قابیل، چنگیز، ہلاکو،

فرعون، نمرود، یزید، ابن زیاد، ہٹلر سے لی ہیں یا محض جناب بش سے حاصل کی ہیں۔ اب وہ جواب دیں یا نہ دیں ہم ضرور اس بات پر اپنے طور پر مطمئن ہیں کہ ممکن ہے کہ دور حاضر کے غنڈوں، بھائی لوگوں اور دہشت گردوں نے انہیں یہ تعلیم دی ہوگی۔

علامہ کے کلام میں جب بار بار جناب شاہین سلمہ کا ذکر پڑھا تو ایک دن چڑیا گھر کی نیت باندھ کر اپنے گھر سے نکل کھڑے ہوئے۔ اور چڑیا گھر میں بھی پرندوں کے اڈے پر جا پہنچے۔ جہاں بہت کم پرندے تھے اور جو پرندے تھے وہ اقبال کی نظم "پرندے کی فریاد" کورس میں پڑھ رہے تھے۔ تعداد کے لحاظ سے پرند خانہ اردو میڈیم اسکول لگتا تھا۔ ایسا معلوم ہوتا تھا کہ بہت سے پرندوں کو قوت باہ کے خواہش مندوں نے حکومت کی اجازت کے بغیر کاٹ کر کھالیا ہے یا وزیروں اور لیڈروں پر سے صدقہ کر کے اڑا دیا گیا ہے۔ یا وہ خود سابقہ راشٹر پتی جناب ذاکر حسین کی چاندنی ہو گئے ہیں۔ قید کی زندگی تو ہندوستانی پرندے تک برداشت نہیں کرتے۔ یوں بھی جب شیر دل حضرات شیروں پر ہاتھ صاف کر سکتے ہیں تو پرندے کس کھیت کے مولی ہیں۔ غرض جو باقی ماندہ پرندے تھے وہ ہوس پرواز میں ڈالیاں بدل رہے تھے، اور اپنی اپنی بولیاں بول رہے تھے۔ لیکن ان کی تقدیر میں اپنی اپنی بولیاں بول کر اڑ جانا نہیں تھا۔ ہم نے دیکھا کہ وہاں عقاب سے شکرے تک اور کوڑں سے کوئل تک سبھی پرندے موجود ہیں اور ان میں ایک اونچی سی بوسیدہ ناٹ پر حضرت شاہین سلمہ تشریف رکھتے ہیں۔ رکھ رکھاؤ خوب تھا پرانے زمانے کے نواب معلوم ہوتے تھے۔ واقعی دن بدل جانے سے دنیا نہیں بدلتی۔ وہی کیفیت کہ جو ہم نے کتابوں میں پڑھی تھی، مبارک بال و پر سے ہویدا تھی۔ آنکھوں میں خمار، صورت پر جلال، چونچ میں جبر، پنجوں میں جبر، بال و پر سجے ہوئے، انداز و تیور بپھرے ہوئے، آواز وہ گھن گرج کہ اگر کوئی پرندے ہاز آ بیٹھتا تو علامہ شاہین اسے نہایت حقارت سے دیکھتے گویا زبان حال سے کہہ رہے ہوں کہ لچوں لفنگوں کے نصیب بھی کھل گئے ہیں۔ ہم نے تسلیم بجالایا تو بندگان عالی نے ایک ناخن سے سلام لیا، اور انسان سے کلام کی ہزیمت کو ٹالتے ہوئے مزید اونچی ناٹ پر پرواز فرما گئے۔

علامہ اقبال نے پتہ نہیں کیوں قوم و ملت کو درس شاہین دیا ہے۔ ہم کہتے ہیں کہ درس کبوتر کافی

تھا بلکہ ضروری تھا۔شاہین کے بالمقابل جب ہم کبوتر کو دیکھتے ہیں تو آنکھوں کو ٹھنڈک، دل کو سکون اور روح کو آرام سا محسوس ہونے لگتا ہے۔کیا شریف النفس پرندہ ہے۔کیا مجال جب کبھی شرارت کی ہو۔قیامت ہی کیوں نہ گزر جائے صبر وتحمل کا پیکر بنا اف تک نہ کرے گا۔بلی کا بک میں گھس کر اسے شہید ہی کیوں نہ کر دے، پزیرائی وشکیبائی کی تصویر بنا خوشی خوشی موت کو گلے لگالے گا۔کسی کو اطلاع تک نہیں ہوگی کہ شب غم، شہید کابک پر کیا گزری۔دوسرے دن خون ناحق، بکھرے ہوئے بال و پر سے ہویدا ہے۔پتہ چلا کہ کبوتر بلی کا نوالہ بن گیا ہے۔خاموشی کا اس قدر رسیا کہ ہزاروں کی تعداد میں ہونے کے باوصف کوئی اکثریت کا غرور نہیں۔کوئی گڑ بڑ نہیں۔صرف اڑتے وقت پنکھوں کی مدھر آواز یا دانہ چگتے وقت غٹر غوں۔اسی خاموشی، شرافت اور نیک نفسی نے اسے حرمین شریفین تک پہنچا دیا ہے۔کیا سعادت ہے، خدا کے گھر میں اپنا گھر بنالیا ہے۔پیغام رسانی کا کام اس درجہ نفاست وخوبی اور امانت وصفائی سے انجام دیتا ہے کہ محکمہ ٔ پیام رسانی کو کبوتر سے درس لینا چاہیے۔کیا مجال جو مجنوں کا خط لیلیٰ کے علاوہ کسی اور کے ہاتھ لگے۔حالانکہ لیلیٰ کے ابا میاں وہیں بیٹھے حقہ پی رہے ہیں۔لیکن مجنوں کا کبوتر لیلیٰ ہی کے گود میں آ گرے گا۔اور لیلیٰ مجنوں کا خط کبوتر کے بال و پر سے اڑا کر اپنے گریبان میں رکھ لے گی، اور آتش گریبان اسے جلا کر راکھ کر دے گی۔کسی کو پتہ تک نہ چلے گا کہ کبوتر نے کیا دیا اور لیلیٰ نے کیا لیا۔کبوتر کو فساد، لڑائی اور جنگ سے نفرت ہے۔ملنسار، خوش اطوار اور لائق اعتبار پرندہ ہے۔طبیعت جو ذرا گدگدائی تو اڑتے اڑتے فضاء میں قلابازی کھالی ورنہ اسکی اڑان کا دارومدار تو محض فضاء سے کابک اور کابک سے فضاء ہے۔اسکی غٹر غوں بھی عجب لطف دیتی ہے۔جی چاہتا ہے کہ سنئے اور سر دھنئے یہی توجہ ہے کہ دنیا نے اسے امن کی نشانی بنا لی ہے۔خوشی کے موقعوں پر ہزاروں کبوتروں کو فضاء میں چھوڑ کر نفرتوں کو مٹایا جاتا ہے۔یہ اور بات ہے کہ ڑود کبوتر چھوڑنے والوں کے دلوں سے نفرت نہیں مٹتی۔کبوتر کو بھید بھاؤ سے کوئی مطلب نہیں، رنگ اور نسل میں کوئی امتیاز نہیں۔قومی یک جہتی کا علمبردار ہے۔مندر ہو یا مسجد، چرچ ہو یا گردوارا ہر مقام پر یہ خوشی خوشی رہ جاتا ہے۔نیز آبادی ہو یہ ویرانے میں بھی کوئی خاص افتراق نہیں۔جہاں جگہ ملی وہاں پڑا رہا۔تاریخ نے اسے کئی عنادین سے عاد کیا ہے۔کیوں کہ تاریخ بھی بنا دیتا ہے۔مہر النساء نے اپنے دونوں ہاتھوں سے دونوں کبوتروں کو یک لطف خاص سے اڑا کر نورالدین کے سینے سے دل اڑالیا تھا۔اور جب نورالدین

جہانگیر بن بیٹھا تو اس کے پیچھے ہی مہر النساء نور جہاں بن بیٹھی۔ یہ اور بات ہے کہ نور الدین جہانگیر کبوتر اڑاتا رہا اور ملکہ نور جہاں حکومت کے مزے اڑاتی رہی۔ بہر حال کبوتر دنیا کا وہ واحد پرندہ ہے جو ہر فرد واحد کا پسندیدہ اور دنیا کے لئے امن کا فرستادہ ہے۔

اقبال کے شاہین میں اور ہمارے کبوتر میں بہت فرق ہے۔ شاہین ہٹلر ہے تو ہمارا کبوتر کرم چند گاندھی۔ ایک تشدد کا رسیا تو دوسرا عدم تشدد کا پیکر۔ شاہین پہاڑوں کی چٹانوں میں رونق افروز رہتا ہے تو اس میں کون سی قابل تقلید بات ہے جو علامہ اقبال نے اس کے نقش قدم پر چلنے کی تاکید فرمائی ہے۔ جب کہ ہمیں یہ تک نہیں معلوم کہ وہ چڑیا کی طرح پھدکتا ہے یا بگلے کی طرح چلتا ہے۔ یہ بھی ممکن ہے کہ وہ غیر مقلد پرندہ ہو۔ جب جو سمجھ میں آئے کرتا ہوگا۔ ہمارا خیال ہے کہ اقبال نے بھی کبھی شاہ والا تبار شاہین کو اپنی چشم سر سے نہیں دیکھا ہے بلکہ ہمارے اساتذہ کی طرح انہوں نے بھی اپنے اساتذہ سے محض سنا ہے۔ یوں بھی جب اقبال خود اقبال سے آگاہ نہیں تو بھلا وہ شاہین سے کیا آگاہ ہوں گے۔ ہمارا خیال ہے کہ اقبال اور شاہین گڈمڈ سے ہو گئے ہیں اور اس درجہ گڈمڈ ہو گئے ہیں کہ بعض فنکار اقبال کو شاہین اور شاہین کو اقبال سمجھ لیتے ہیں۔ چنانچہ بھوپال میں جب ہم اقبال مینار دیکھنے گئے تو یہ دیکھ کر حیران رہ گئے کہ ایک لوہے کے کھمبے پر ایک کالا بھدا سا کوا بنا ہوا ہے اور نیچے نستعلیق خط میں لکھا ہے ''اقبال مینار''۔ جی چاہا کہ اپنا دونوں ہاتھوں سے اپنا خالی سر پیٹ لیں۔ اگر آج اقبال زندہ ہوتے تو اپنے مینار کا یہ حلیہ دیکھ کر اسے مینار پر پہلے عقیدت سے چڑھتے اور پھر ندامت سے کود پڑتے۔ بھوپال سے تو بہتر ہمارے حیدرآباد کا ''اقبال مینار'' ہے کہ کرہ سنگ پر کوئی پرندہ بیٹھا مائل پرواز ہے۔ یہ پرندہ گو شاہین نظر نہیں آتا، لیکن کالا کوا بھی تو نظر نہیں آتا۔ یہ کتنی زیادتی ہے کہ مصور اور سنگ تراش لوگوں نے اقبال کے شاہین کی دہائی دے دے کر چیل کوے بنادئے ہیں۔ اب اس میں ان کا بھی کیا قصور۔ مصور جب شاہین دیکھے گا تو شاہین اتارے گا۔ کلیات اقبال میں شاہین کا ذکر پڑھ لینے سے تو کوئی شاہین آشنا تو نہیں ہو جاتا۔ ہمارا مشورہ ہے کہ درس اقبال دینے والے اساتذہ اور ماہرین اقبال کا کام ہے کہ ایک پنجرے میں شاہین بھی لے کر بیٹھیں تا کہ اقبال کا درس لینے والے طلباء اقبال کا کلام سنیں اور شاہین کا مطالعہ کریں۔ لیکن طالب اقبال کو اس بات کی اجازت

ہرگز نہ ہوگی کہ در قفس یہ کہ کر کھول دے کہ "تو شاہین ہے بسیرا کر پہاڑوں کی چٹانوں میں" اس کے علاوہ اس کے علاوہ ایک پنجرے میں کچھ ممولے بھی موجود ہوں بلکہ ممولے کو شاہباز سے لڑا بھی دیا جائے تو کلیات اقبال کی تفہیم کا کام بحسن خوبی انجام پائے۔ چونکہ اقبال کے کلام میں شہ باز، شاہین، ممولے کے علاوہ بلبل، جگنو اور گلہری، گائے، بکری وغیرہ کا ذکر بھی کثرت سے ملتا ہے اس لئے کیا ہی اچھا ہو کہ یہ ساری مخلوق درس اقبال میں بہ نفس نفیس حاضر رہیں تا کہ مشاہدہ کی قوت اور مطالعہ کی برکت سے اہل درس معانی اقبال سے مالا مال ہوں۔

آپ کاج مہا گریٹ کاج

ہم نے آج تک کوئی کام اپنے ہاتھ سے نہیں کیا ہے۔ بعض ضروری اور اشد ضروری کام اگر ہم اپنے ہاتھ سے کرتے ہیں بھی تو اسے ہم اپنی مجبوری اور دوسروں کی بدقسمتی سمجھتے ہیں۔ بعض مبارک کام تو ہوتے ہی وہ ہیں کہ ہم چاروناچار ''اپنا ہاتھ جگن ناتھ'' کہتے ہوئے انجام ضرور دیتے ہیں لیکن دوسروں کی خدمات سے استفادے کی خواس مقام پر ایڑیاں رگڑتی ہوئی نظر آتی ہے، اور ہم سوچتے ہیں کہ اسے ایڑیاں رگڑنے کی سوجھی بھی تو کہاں۔ مرزا کو جب ہم نے اس معاملے کی تفصیل بتائی تو کہنے لگے کہ جناب اس مقام پر تو خوا ایڑیاں ہی نہیں رگڑتی بعض وقت تو گھٹنے بھی ٹیک دیا کرتی ہے۔

بہرحال جب سے ہم نے اس دنیا میں قدم رکھا ہے دوسروں کا ہاتھ پکڑ کر چلنا سیکھا ہے بلکہ ہنوز چل رہے ہیں۔ جب تک بچے تھے خدا مغفرت فرمائے ماں باپ کا سہارا تھا۔ بڑے ہوئے تو بڑے بڑے سہارے سامنے آئے۔ شادی ہوئی تو خدا قائم رکھے مستقل سہارا مل گیا۔ خدا کے فضل سے آج عہدہ دار بن گئے ہیں تو چپراسی سے باورچی تک آگے پیچھے سہارے ہی سہارے ہیں۔ اب تو ہم بیٹھے بیٹھے دستخط کرلیا کرتے ہیں اور اس طرح محض دستخط کی روٹی کھا رہے ہیں۔ اعلیٰ تعلیم حاصل کرنے کے بعد اعلیٰ ترین کام ہی تو تفویض ہوا کرتے ہیں۔ اب تو دستخط کرنے سے تک بوریت ہو رہی ہے۔ دستخط کرتے کرتے اپنی دستخط سے ایک طرح کی چڑھ سی پیدا ہوگئی ہے۔ چلئے دستخط فرمایئے۔ اگر کوئی ہماری دستخط کی مشق بہم پہنچا کر اپنی نیک چلنی کا ثبوت فراہم کرے تو ہم اسے اپنے خرچ پر محض اپنی سائن کرنے پر مقرر کرلیں اور اپنی تنخواہ کا ایک دو فی صد حصہ اسکی اس اعلیٰ ترین کارگزاری کے صلے میں نذر کریں۔

لوگ جب ہم سے کہتے کہ کام لذت ہے اور لذت کام ہے تو ہمیں حیرت ہوتی کہ لوگ کام کو

لذت کیوں کہتے ہیں جب کہ کام لذت کا دوسرا نام ہرگز نہیں ہے۔ایک دن ہم نے اپنے چپراسی سے پوچھ ہی لیا کہ جو کام مزے دار ہوتا ہے وہ کام ہے یا مزہ ہے۔جیسے فائیو اسٹار ہوٹل میں جا کر بریانی کھانا۔جنگل جنگل آوارہ گردی کرتے ہوئے پولو کھیلنا۔جان کی پرواہ کیے بغیر چھت پر پتنگ اڑانا وغیرہ۔یہ کام واقعتا کام ہیں یا مزے اڑانا ہے۔پتہ نہیں شبراتی کس موڈ میں تھا کہنے لگا ساب ہر مزے دار کام آدمی مزے اڑانے کے لیے ہی کرتا ہے کام کرنے کے لیے نہیں۔اگر ہر مزے دار کام صرف کام ہی ہوتا تو وہ کام بھی آپ مجھ ہی سے لیا کرتے۔کم حیثیت لوگ عموماً پست ہمت ہوا کرتے ہیں لیکن جب ان کی ہمتیں بڑھ جاتی ہیں تو ہمیں اپنی حیثیت کا عرفان حاصل ہو جاتا ہے ہم اپنے ماتحتین کے ساتھ اس لئے بھی زیادہ بے تکلف رہا کرتے ہیں تاکہ وہ حقائق کے بیان میں وہ کسی قسم کا تکلف نہ برتیں اس طرح ہم اپنی ان باتوں سے بھی واقف ہو جاتے ہیں جن باتوں سے واقف کروانے کی کوئی ہمت نہیں کرتا۔چنانچہ شبراتی کے اس بے لاگ تبصرہ پر ہم خفا کیا ہوتے الٹا اسے انعام و اکرام سے نواز دیا لیکن تاکید بھی کر دی کہ دوسروں سے اس طرح کی حقیقت بیانی سے کام لینا نہیں چاہیے۔اس سے ان کی بصیرت اور اپنی بقا دونوں کو نقصان پہنچ سکتا ہے۔

کچھ ہو شبراتی کی باتیں سنکر ہماری کاہلی کو ٹھیس ضرور لگی اور ہم یہ سوچنے پر مجبور ہو گئے کہ آدمی کو محض لذت انگیز کام ہی بہ حسن و خوبی انجام دینا نہیں چاہیے۔لیکن کیا کریں ہم اپنی تمام ہمتوں کو یکجا کر کے کوئی کام انجام دینا چاہتے ہیں اور ابھی اس کام کی تمہید ہی باندھتے ہیں کہ ہمت پست ہو جاتی ہے۔ہم سوچتے ہیں کہ آٹھ بجے کا الارم دو تین بار بیدار کرنے کی زحمت گوارا کر چکا ہے۔سحر خیزی صحت کے لیے بہت ضروری ہے اب بستر چھوڑ دینا چاہیے لیکن کم بخت بستر ہمیں نہیں چھوڑتا۔لیٹے لیٹے ہم اٹھ بیٹھتے ہیں اور پھر تھک ہار کر لیٹ جاتے ہیں۔

دوسروں سے خدمات لینے کی عادت ڈالنے میں ہماری سرکار بھی ہم سے دو قدم آگے ہے۔اب یہی دیکھیے دو عورتوں کو ہمارے سرکاری کاموں میں تعاون کے لیے مقرر کیا ہے۔ایک سکریٹری مس جولی اور دوسری کا ماشن چاند بی۔جب ہم اپنے آفس میں داخل ہوتے ہیں تو خارج ہونے تک ان دونوں

بزرگ ہستیوں سے کچھ سرکاری کاموں کے سلسلے میں اور زیادہ تر خانگی کاموں کے سلسلے میں ان کا تعاون حاصل رہتا ہے۔ سرکاری چیزوں سے خواہ وہ جاندار ہوں یا بے جان، خانگی کام لینا تو ہندوستان کی پرمپرا میں داخل ہے۔ ہم نے سینے پر گز بھر ڈاڑھی لہرانے والے عہدہ داروں کو بھی سرکاری فون سے خانگی گفتگو کرتے دیکھا ہے۔ اب چراغ گل کرنے والی شخصیتوں کا وجود کہاں اگر ہو بھی تو ان کا چراغ گل کر دیا جاتا ہے۔ چونکہ ہم دور حاضر کی ان مجبوریوں سے نسبتاً زیادہ واقف ہیں اس لیے استفادے اور فتوے کے درمیان خط فاصل کھینچ دیا کرتے ہیں۔ جولی اور چاندبی گویا ایک سکے کے دو رخ ہیں اور ہم دونوں کو اس طرح ایک آنکھ سے دیکھتے ہیں جس طرح میر عثمان علی خان بہادر اپنے عہد حکومت میں ہندو اور مسلمانوں کو ایک آنکھ سے دیکھا کرتے تھے۔ ایک آنکھ سے دیکھنے کا مزہ ہی کچھ اور ہے دوسری آنکھ کو زحمت نہیں ہوتی۔ چنانچہ دونوں میں فرق صرف اس قدر ہے کہ جولی تعلیم یافتہ ہے اور سمجھدار بھی چاندبی غیر تعلیم یافتہ اور قدرے ناسمجھ ہے ویسے ہمارے سرکاری کاموں اور غیر سرکاری کاموں کا ان بیکار باتوں سے کوئی تعلق نہیں ہوتا اور ہونا بھی نہیں چاہیے۔

یہ تو طے ہے کہ سرکاری آدمی عموماً اپنے آفس میں غیر سرکاری کاموں کو انجام دیتا ہے۔ اس لیے ہمیں چاندبی سے زیادہ کام لینا پڑتا ہے اور چاندبی بھی کافی جفاکش اور وفاکیش قسم کی لائق خاتون ہے۔ یہ اور بات ہے کہ غلطیاں کرنا ہر اچھے آدمی کی طرح اس کی گھٹی میں بھی داخل ہے۔ لیکن اس کی بعض غلطیاں ہمارے لیے مسلسل الجھنوں کا سبب بھی بن جاتی ہیں۔ چنانچہ ہزار دفعہ ہم نے اسے جتایا ہے کہ گھر سے فون آنے پر آفس کی باتیں نہیں کہنی چاہیے۔ آفس کے فون سے گھریلو باتیں کرنے کو ہم عیب سمجھتے ہیں۔ لیکن کیا مجال جو وہ ہماری تنبیہ کی تہہ تک پہنچی ہو۔ بیگم نے بھی عید برات کے موقعہ پر دے دلا کر اسے اپنی مٹھی میں کر رکھا ہے اور روز وہ اس سلوک کے جواب میں بند مٹھیاں کھول دیا کرتی ہے۔ گو وہ جو کچھ کہتی ہے سچ ہی کہتی ہے لیکن بیگمات وہ بلا ہوتی ہیں جن کے سامنے سچ ہی نہیں چلتا۔ چنانچہ جولی کو ہم نے کس روز کتنا ڈکٹیشن دیا وہ فون پر بیگم کو ڈکٹیٹ کروا دیتی ہے۔ اور اس کا نتیجہ یہ ہوتا ہے کہ ہمیں گھر جا کر ہوم ورک کرنا پڑتا ہے۔ اور ہم ہوم ورک کرنا نہیں چاہتے بلکہ سچ تو یہ ہے کہ کوئی ورک ہی کرنا نہیں چاہتے۔ آفس ورک

کے بعد ہم اس لائق ہی کہاں ہوتے ہیں کہ ہوم ورک بھی کرسکیں۔آفس کے کاموں کا ترقی سے تعلق ہوتا ہے۔اور یوں بھی ہم دوسروں کی ترقی کے ہمیشہ جویا رہا کرتے ہیں۔ترقی کا پھل تشویق کی زمین میں کھاد ڈالے بغیر حاصل نہیں ہوتا۔خدمات کے پھاوڑے چلانے پڑتے ہیں۔رشوتوں کی آب پاشی کرنی پڑتی ہے۔سازشی ہواؤں سے برگ و بار کو بچانا بھی پڑتا ہے۔

ہمیں چاند بی سے کوئی شکایت نہیں وہ ایک سادہ لوح خاتون ہے۔اب یہی دیکھیے ایک دن مرزا کا فون آیا کہ آج شام اپنا قارورہ بھجوادو۔میں ٹسٹ کروالونگا۔اب اگر اپنا قارورہ بھی ہم خود لے جا کر دیا کریں تو خود کو کس مونھ سے گزیٹڈ کہیں گے۔ہم نے چاند بی سے کہ دیا کہ وہ قارورہ بہ حفاظت ڈاکٹر صاحب کو دے آئے۔اس نے جب قارورے کو کوئی دوائی وغیرہ سمجھا اور ملفوم طلب نگاہوں سے ہمیں دیکھنے لگی تو ہم نے اسے قارورے کی طبی اصطلاح سے آگاہی بخشی کیونکہ تعلیم کبھی رائگاں نہیں جاتی۔اب ہمیں کیا معلوم تھا کہ ہماری تعلیم رائگاں جائے یا نہ جائے البتہ ہمارا قارورہ ضرور رائگاں جائے گا۔غرض دوسرے دن مرزا کا فون آیا۔مبارک ہو تمہیں تین ماہ کا حمل ہے۔ہم بھی پتہ نہیں کس دھن میں تھے۔سلیقہ سے مبارک بادی وصول بھی کی اور تہہ دل سے مرزا کا شکریہ بھی ادا کیا۔مرزا ادھر سے حسب قائدہ ہدایات دینی شروع کردیں کہ اب دوڑ دوڑ کر کام نہ کیا کریں۔ہم نے کہا مرزا کام کرتا ہی کون کم بخت ہے جو ہم دوڑ دوڑ کر کریں گے۔کہنے لگے اس موسم میں جی قدرے متلاتا ہے اور کھٹاس پر طبیعت مائل ہوتی ہے۔لیکن املی کے ایک آدھ بوٹ پر اکتفا کیجیو۔لیمو کو ہاتھ نہ لگانا۔تمہیں لیمو سے الرجی ہے۔پھر ہمیں مختلف قسم کے پرہیز بتائے اور بار دیگر مبارک کہ کر فون بند کردیا۔ہم نے فوراً اپنی بیگم کو فون ملایا تاکہ انہیں یہ خوش خبری سب سے پہلے دی جائے۔کیوں کہ ہم ہر خوش خبری پہلے اپنی بیگم کو دیا کرتے ہیں۔فون ملتے ہی ہم نے بے خیالی میں تقریباً چیخ کر کہا مبارک ہو میں باپ بننے والا ہوں۔یہ سنتے ہی بیگم نے کہا۔کیا کہ رہے ہو۔میں نے تم سے کب کہا ہے۔اور تمہارے باپ بننے کی اطلاع پہلے مجھے ہوگی یا تمہیں۔اور یہ ممکن بھی کیوں کر ہے۔یاد کرو تم نے ہی تو ایک انکریمنٹ کے لالچ میں مجھے اس قسم کی خوشیوں سے ہمیشہ کے لئے محروم کردیا ہے۔ہم نے کہا بات تو ٹھیک ہے لیکن سوال یہ ہے کہ مرزا کے بچے نے ہمیں اس قسم کا جھوٹا

دلاسہ کیوں دیا۔ یا تو وہ مرزا کا فون نہیں تھا یا مرزا نے جس سے بات کی وہ ہم نہیں تھے۔ آفس سے سیدھے ہم مرزا کے مطلب جا دھمکے۔ اور اسے آڑے ہاتھوں لیا۔ مرزا اگر مشہور ڈاکٹر ہے تو کیا۔ ہے تو ہمارا بے تکلف دوست۔ اس نے کہا میں کوئی لیڈر ہوں جو جھوٹ بولوں۔ تمہارے قارورے کے معائنے کے بعد ہی تو میں نے تمہیں مبارک باد دی ہے۔ اس قسم کی اعلیٰ ترین مبارکیں محض قارورہ ہی کی تو مرہون منت ہوتی ہیں۔ ہم تذبذب میں پڑ گئے کہ یہ کیسے ہو سکتا ہے بے خیالی میں ہم نے اپنے پچکے ہوئے پیٹ پر ہاتھ پھرایا۔ دور دور تک حمل کے آثار نہیں تھے۔ کسی قسم کی کوئی خوشیوں کو جلا دینے والی فرحت و حرکت محسوس نہ ہوتی تھی۔ پھر یہ حمل کا شاخسانہ کیا ہے۔ دوسرے دن آفس میں گھستے ہی چاند بی کو بلایا اور ڈانٹ کر قارورہ سے متعلق پوچھا۔ کیوں کہ کچھ انجان سے شکوک شدت سے برآمد ہو رہے تھے۔ پہلے تو اس نے ہمیشہ کی طرح ہماری ڈانٹ کو ایزی لیا اور جب دیکھا کہ ہم اور دنوں کی طرح اچھے یعنی رومانٹک موڈ میں نہیں ہیں تو کہنے لگی۔ سرکار سچی بات تو یہ ہے کہ میں نے آپ کا قارورہ بہت احتیاط سے رکھا تھا لیکن برا ہو نگوڑی بلی کا اچک کر اس نے پورا قارورہ گرا دیا شیشے میں ایک بوند بھی نہیں بچی تھی۔ میں نے دل میں خیال کیا کہ قارورہ کی کیا حقیقت ہے اور پھر میں کیا اتنی گئی گزری ہوں کہ میرا قارورہ تک آپ کے کام نہ آ سکے۔ اور پھر میں نے۔۔۔۔ اتنا کہہ کر وہ شرما کر رک گئی اور ہم نے اپنا سر پیٹ لیا۔

سے کچرا سڑ رہا ہے۔کوئی بچہ کچرا پھینکنے راضی نہیں۔اچانک گھر میں کوئی مہمان چلا آئے تو گھر کو گھر خیال کرے گا۔بڑے سے چھوٹے تک سب کچرا کرتے ہےٗ اور کچرا پھینکنے سے روتے ہیں۔چیختے چیختے گلا بیٹھا جارہا ہے۔کیا مجال جو کوئی بچہ میری بات مانے۔ہم نے کہا نیک بخت دور بدل گیا ہے۔کچرا کرنا اور ہے۔کچرا پھینکنا اور۔کچرا کرنا اس دنیا کا دستور ہے لیکن کچرا دور کرنا اس دنیا کا وطیرہ نہیں۔بچوں ہی کا کیا گلہ جب ملک وملت اپنے کچرے سے بے نیاز ہو اور اسے دور کرنے کی کوئی سعی نہ کرے تو بچے کوئی افلاطون نہیں کہ کچرے کی عفونت اور اس کے مضر اثرات سے باخبر ہوں۔لاؤ کچرا مجھے دو میں ہی اسے اٹھا کر پھینک آتا ہوں۔ہم اکثر ایسا ہی کرتے ہیں۔جو کام ہمارے بچے نہیں کرتے وہ بلا جبر و کراہ ہم کر گزرتے ہیں۔غم معاش اور مجبوریوں نے ہمیں اس مقام پر پہنچا دیا ہیکہ اب ہم بچوں ہی کے کام کے رہ گئے ہیں۔ہم نے سوچا تھا کہ معاشیات میں ڈاکٹریٹ کرنے کے بعد فکر معاش سے بے نیاز ہوجائے گے۔کیا پتہ تھا کہ ہماری اس ڈاکٹریٹ کی سند سے ہماری اقتصادی خوش حالی میں اضافے کی بجائے ہمارے کمرے کے کچرے میں اضافہ ہوگا۔

بہر حال یہ کچرا جو باث فساد تھا واقعی کچھ زیادہ تھا۔کامل ایک ٹوکرا۔درآنحالیہ کہ اس میں پھلوں کے چھلکے ہرگز نہیں تھے۔جس کچرے میں پھلوں کے پوست ہوتے ہیں وہ معیاری کچرا ہوتا ہے۔ہمارے گھر کے ایسے نصیب کہاں کہ کچرے میں سیب اور بادام کے چھلکے ہوں یا مرغ و ماہی کے بال و پر۔ہمارے گھر کا کچرا پیاز کے چھلکوں پر مشتمل ہوتا ہے۔کوئی اس حقیقت بیانی سے یہ خیال نہ کریں کہ ہم اپنے کچرے کا کچرا کر رہے ہیں ویسے کچرے کا بھی کہیں کچرا کیا جاتا ہے۔اسی لئے تو ہم محکمہ بلدیہ کو برا بھلا کہنے کے قایل ہیں نہ محکمہ پولیس کو۔البتہ ہم دعا کے منکر نہیں۔ہمارا عقیدہ ہے کہ جن دروازوں سے دعائیں درجہ قبولیت تک پہنچتی ہیں وہ ابھی وا ہیں۔ہوسکتا ہے کہ دعاؤں کے نتیجے میں شریف لوگ برسر اقتدار آجائیں ووٹوں کے ذریعہ تو ایسا ممکن نظر نہیں آتا۔ملک جن حالات سے گذر رہا ہے اس کا ایک ہی علاج ہے یا تو سب کے سب انسان بن جائیں یا کم از کم سب کے سب حیوان۔حیوانوں میں فسادات نہیں ہوتے۔نہ جنگل میں کرفیو لگتا ہے۔نہ بیابانی میں انکاؤنٹر ہوتے ہیں' بندر بم اندازی نہیں کرتے۔لنگور لہو کی ہولی نہیں کھیلتے۔شیر شراب کا کاروبار نہیں کرتا۔اور نہ اس کے بل پر کسی صوبے کی منسٹری حاصل کرتا ہے۔ببر بابری مسجد ڈھاتے ہیں۔نہ تیندوے ترشول تقسیم کرتے ہیں۔نہ زراف زہر اگلتے ہیں۔پھر جنگل میں فسادات کیوں ہونے لگیں۔یہی تو وجہ ہے کہ جی چاہتا ہے کہ شہر کی نحوستوں کو چھوڑ کر جنگل کی برکتوں میں پہنچ

سیکھی ہے مہ رخوں کے لیے ہم نے فارسی

ہمارا عقیدہ ہے کہ فارسی جتنی میٹھی زبان ہے اس کے بولنے والے بھی اتنے ہی میٹھے ہوتے ہیں بعض وقت تو یہ ہوتا ہے کہ ہم میٹھے چہروں سے یہ میٹھی زبان سن لیتے ہیں تو گویا ہماری بھوک ہی مر جاتی ہے۔ بھوک ہی پر کیا منحصر ہم دنیا و مافیہا کو تک بھول جاتے ہیں۔ خوب رو چہرے اور خوب صورت زبان اپنا تاثر چھوڑے بغیر نہیں رہتے۔ چنانچہ سامنے مرغن غذائیں بھی دھری ہوں ہم مائل بہ تلطف نہیں ہو تے۔ ظاہر ہے کہ روحانی غذاؤں کے سامنے جسمانی غذاؤں کی اہمیت ہی کیا ہے۔ سنتے ہیں کہ شکر کھانے کے بعد کچھ اور کھانے کو جی نہیں چاہتا۔ شائد یہی وجہ ہو کہ میٹھا سب کھانوں کے بعد میں کھایا جاتا ہے۔ جب سے ہم شعبہ فارسی جامعہ عثمانیہ میں ایران کے مایہ ناز، نظر نواز اور معلومات افزا چینل ''جام جم'' سے مستفید ہو رہے ہیں، عموماً ظہرانہ گول کر جاتے ہیں۔ ویسے اگر کسی کی جیب خاص سے بندوبست ہو جائے تو انکار بھی نہیں کہ ہم ''ہر چہ آید بہ مطلب داد خداست'' پر ایقان رکھتے ہیں، لیکن ان میٹھے چہروں سے ادا ہونے والی شیریں زبان نے گویا اشتہا کی شدت کو ختم کر دیا ہے۔ رہ رہ کے ہم سوچتے ہیں کہ استادان محترم کا کس زبان سے شکریہ ادا کریں کہ ہمیں زبان فارسی کی مٹھاس ہی سے نہیں بلکہ ایران کے شیریں دہنوں کے جمالیات سے بھی مالا مال کر دیا ہے۔ ویسے احساس حسن ہے ہی وہ چیز جس نے آئینوں کو وجود بخشا اور خود انسان وجود میں آیا۔ انسان ہو یا خدا پہچانے جانے کی چاہ مشترکہ قدر ہے۔ آئینے میں انسان اپنے آپ کو اور اپنے حسن و جمال کو دیکھتا ہے اور آئینہ انسان میں خالق انسان

اپنے آپ کو۔ افسوس ہے کہ یہ "جام جم" والا چینل ہمارے ٹی۔وی میں نہیں آتا ورنہ ہم جام جم سے گھر بیٹھے مستفید ہوتے اور پھر نہ ہمیں کسی "جام" کی ضرورت ہوتی نہ ساغر و مینا کی۔ ہم اس چینل کو کھول کر آرام کرسی پر، بہت آرام سے بیٹھتے اور ہمارے لبوں پر مرزا نوشہ کا یہ شعر ہوتا۔

گو ہاتھ میں جنبش نہیں ہاتھوں میں تو دم ہے رہنے دو ابھی ساغر و مینا میرے آگے

بہر حال حافظ شیرازی نے جن ایرانی مہ جبینوں، نازنینوں اور گل عذاروں کا اپنے کلام میں بھرپور ذکر کیا ہے اور ان کے عارض و کاکل اور لب و رخسار پر نہایت رومان پرور شعر ارشاد فرمائیں ہیں انہیں جیتی جاگتی شکل میں ہم پردہ سیمیں پر نہ صرف ملاحظہ فرما رہے ہیں بلکہ اس کے دوررس نتائج کو اپنی معصوم زندگی کے ہر شعبہ میں نمایاں طور پر محسوس بھی کر رہے ہیں۔ یہ سب فارسی زبان کے تمہیدی برکات ہیں۔ چنانچہ جب ہم مس یونیورس اور مس ورلڈ سے زیادہ خوب صورت دوشیزاؤں کو اپنی ہوشربا ادا و ناز سے دو آتشہ ہو کر فارسی ارشاد فرماتی ہوئی سنتے ہیں بخدا ہمیں سمجھے بغیر مزہ آنے لگتا ہے اور ہم سوچتے ہیں کہ جب ہم سمجھے بغیر ہی سر دھن رہے ہیں تو اگر سمجھتے تو شائد بہ این ہمہ زہد و اتقا و جبہ و دستار یقیناً رقص فرمانے لگتے۔ ڈرامہ ہو یا غزل ترنم ہو یا تحت مکالمہ ہو مباحثہ ہم ضرورت سے زیادہ مستفید ہو رہے ہیں۔ ہمیں عنوانات سے کوئی غرض نہیں ہوتی بس جنت چشم اور فردوس نظر والی حکایات ہوں کافی ہیں۔ فارسی کہنے والا خوبرو اپنے شیریں دہن سے اگر دشنام بھی ارشاد فرمائے ہمیں قصائد کا لطف ملتا ہے۔ شائد اسی جذبے کو شعرائے متقدمین نے اوج سودائے زبان فارسی کہا ہے۔

ہم بچپن ہی سے زبان فارسی کے والہ و شیدا ہیں۔ درجہ پنجم میں ہم نے اپنے استادوں سے جن فارسی محاوروں اور شعروں کو سنا تھا وہ آج تک نہ صرف ہمیں از بر ہیں بلکہ موقع و بے موقع انہیں دھرالیا کرتے ہیں۔ مثلاً یہ کہ، ہیچ آفت نہ رسد گوشہ تنہائی را، قرعہ فال بنام من دیوانہ زدند، چشم ما روشن دل ماشاد، بچے علم چوں شمع باید گداخت اور نہد شاخ پر میوہ سر بر زمیں۔۔۔۔وغیرہ وغیرہ۔ ہم نے فلم "ایک مسافر ایک حسینہ" میں یہ مصرع "زبان یار من ترکی و من ترکی نمی دانم" ملکہ ترنم محترمہ آشا بھونسلے کی میٹھی زبان میں سنا تھا، اور اس کے ساتھ ساتھ ملکہ حسن محترمہ سادھنا کا حسن و جمال اور ہوش ربا رقص ہماری آنکھوں میں ایسا بس گیا تھا کہ آج خدا کے فضل سے بالغ بلکہ عاقل ہو جانے کے بعد بھی نہ آنکھوں سے موصوفہ کا حسن

مرخص ہوا ہے نہ دماغ سے موصوفہ کا رقص۔ یہ اس زمانے کی بات ہے جب ہم نہ کوئل کی کوک کا مقصد سمجھتے تھے نہ طاؤس کے رقص کے معنی۔ نہ شام کے ڈھلتے سورج کی رعنائی سے واقف تھے نہ صبح کے چہچہاتے پرندوں کے گیت سے آشنا۔ برا ہو پری جمالوں کا ہم پر خورشید شباب کو سلیقے سے طلوع ہونے تک نہ دیا۔ آنکھوں کے راستے جو گرمیٔ رخسار کے بخارات نے دل کی گہرائیوں میں اپنا مسکن بنایا مانو روئیں روئیں سے عشق و محبت کی بے سروسامانی ہویدا ہونے لگی، اور ہم ایک معصوم برگ آوارہ کی طرح آرزوئے لب و رخسار اور تمنائے قد و کاکل لیے خیابان روز و شب میں بھٹکتے رہے اور لطف مزید یہ کہ یہ سلسلہ مبروک ہنوز جاری ہے۔

کوئی ہم سے پوچھے کہ ہم گل رخوں کا قرب حاصل کرنے کے لیے کیا کچھ نہ کیا، برگ و بار ہی سے نہیں خس و خاشاک سے تنگ گزر گئے۔ گلے میں ہارمونیم لٹکا کر ''دیدار'' کے نغمے گائے، جادوگری کے کرتب دکھائے، مصوری کے کرشمے بتائے، ہاتھ میں کشکول سنبھالے گھرے گھرے آواز لگائی۔ فقیری صداؤں سے جمعرات کی مبارک جمعیں اور جمعہ کی مسعود شامیں گزار دیں۔ لیکن مطلب براری حاصل نہ ہوئی، امیدوں کے سورج طلوع ہوتے ہوتے غروب ہو جاتے اور شب تاریک اپنے پنکھ پھیلائے ہمیں مایوس کرنے کی کاوش ناپاک کرنے لگتی۔ ہم متدین آدمی ہیں مایوسی کو کفر خیال کرتے ہیں۔ جوئیندہ پائندہ پر بھرپور ایقان ہے۔ جب ہر مقام سے گزر گئے تو قسمت نے فارسی سیکھنے پر مائل کیا اور ہاتف غیبی نے صدا دی کہ اے مرد ناداں کیوں ادھر ادھر بھٹک رہا ہے۔ فارس دوریشنوازوں کا مسکن اور فارسی درویشوں کی زبان ہے ہندوستان تیرا مادر وطن اور ایران تیرے لیے مسند فن، منبع شیریں دہن اور مقصد تن من دھن ہے جا پچہ فارسی سیکھ اپنا اور اپنے وطن کا نام روشن کر تیرا دامن گل ہائے مراد اور غنچہ ہائے مقصود سے معمور ہوگا۔ یہ غیبی آواز ہمارے لئے قسمت کا پروانہ ثابت ہوئی اور ہم پروانہ وار استادان فن کے آگے زانوئے ادب تہ کرنے فخر جامعات ہند و پاک، دانش گاہ عثمانیہ کے شعبۂ فارسی میں داخلہ لے لیا اور فارسی میں بول چال کی مشق بہم پہنچانے لگے۔ صبح اٹھ کر گردانیں رٹتے اور من شمارا دوست دارم، حال شما چطور، کار شما چیہ، طورہ اور خیلی متشکرم جیسے وظائف پڑھتے۔ ایران کی سرزمین سے خود کو اس حد تک وابستہ کر رکھا ہے کہ اب ہمارے تھوبڑے اور ایران کے نقشے میں کچھ زیادہ فرق نہیں رہا۔ خدا کی بارگاہ میں سربہ سجود ملتجی ہیں کہ بار خدایا از

دیارشامی خواہم کہ بہ کسی حیلہ وراہ، راہ ایران کشادہ بکلیم وسراز کشور ناقدری وناسپاس گزاری بہ کشور حسن و جمال وعلم وکمال برسانید۔ ہم تو کہتے ہیں کہ اگر مقدر میں سرزمین ہند سے سرزمین ایران کوئی سرکاری سفیر بن کر جانا نہیں تو ہم خانگی فقیر بن کر جانے کے لئے بھی تیار ہیں۔ کیوں کہ سنتے ہیں کہ ایران کے فقرا کی آنکھیں ٹھنڈی اور جیب گرم رہتی ہے۔ ہاں ہم اس کے لئے رہی سہی کسر بھی پوری کر لینے کو تیار ہیں۔ صورۃً تو مسکین لگتے ہی ہیں، جگہ جگہ سے کپڑے پھاڑلیں گے، زلفیں جو عموماً بکھری ہی رہتی ہیں مزید بکھرالیں گے آواز میں جولوچ ہے اسے روبہ کار لاتے ہوئے حافظ شیرازی، سعدی یارودکی کا کلام ترنم سے پڑھیں گے، خواہ اس کے بعد ہمارے پیچھے شریر بچے یا شریف کتے ہی کیوں نہ پڑجائیں۔ ویسے سنتے ہیں کہ ایران میں کتے نہیں پائے جاتے، ظاہر ہے کہ اسلامی مملکت میں کتوں کا کیا کام۔ دنیا تمام کی خواتین نرم دل ہوتی ہیں، انداز بحمد اللہ ایسا پایا ہے کہ فیاضی پر یقیناً اتر آئیں گی اور جو فیاضی پر اتر آتا ہے وہ سیدھے دل میں اتر آتا ہے۔ آنکھوں سے جمال کا صدقہ اور ہاتھوں سے مال کی خیرات وصول کرہی لیں گے۔

ہمارا اعتقاد ہے کہ امیروں رئیسوں اور دولت مندوں کو حسینوں سے ہم کلام ہونے میں دقت ہوتی ہے، درویشوں کو کوئی دقت نہیں ہوتی، بلکہ درویشوں کو کبھی کوئی دقت ہی نہیں ہوتی۔ درویشوں کو بھی دقت ہونے لگے تو یہ درویشی کی شان کے خلاف ہے۔ اب یہی دیکھیے فقیر سب کچھ سہ لیتا ہے لیکن اف نہیں کرتا، اف کرنے والوں کو فقیروں کی صف میں جگہ نہیں ملتی۔ تف ہے اس فقیر پر جو اف کرے۔ غریبی، تنگ دستی، افلاس، دشنام طرازی، ایذارسانی اور زدوکوبی تو اس راہ کے گویا تمہیدی مشاغل ہیں۔ اسی لئے تو حافظ شیرازی نے ارشاد فرمایا تھا۔

وفا کنیم وملامت کشیم وخوش باشیم   کہ درطریقت ما کافریست رنجیدن

گویا جو کوئی خود کو درویش کہتا ہے اور پھر لوگوں کی مہربانیوں پر رنجیدہ ہوتا ہے وہ کافر ہے اس کو درویشوں کا سلام جائز نہیں البتہ اس کے عقد ثانی میں شرکت مباح ہے اس لئے کہ درویشوں کا خیال ہے کہ ایک درویش عقد ثانی کے بعد ہی حقیقی درویش ثابت ہوتا ہے۔ عقد سوم کے بعد اس پر دنیا کی بے ثباتی مکمل طور پر وا ہو جاتی ہے اور عقد چہارم کے بعد تو وہ فنا فی اللہ اور باقی باللہ ہو جاتا ہے۔ اب وہ عارف کامل

ہے نا اہلوں کی دستگیری اور نا مرادوں کی خبر گیری کرنے کی اس میں لیاقت پیدا ہو گئی ہے۔فقیروں ،درویشوں اور گداگروں کی شان بہت بلند ہوتی ہے۔سائلوں کے حق میں تو" فلا تنہر " جیسے مبارک احکام آئے ہی ہیں۔اب لوگوں کو چاہیے کہ گداگری کو یکلخت برا خیال نہ کریں۔اور یہ بھی ایک سچائی ہے کہ حقیقی گدا مخلوق کی گدائی سے مبرا و محفوظ ہوتا ہے چنانچہ جب ہم نے حسینوں،نازنینوں اور مہ جبینوں کے تقرب خاص کے لیے فقیری کو بطور پیشہ اختیار کیا تھا تو خود کو بہت دولت مند خیال کرتے تھے۔دولت مند لوگ پری جمالوں کو محض دزدیدہ نگاہی سے گھور گھور کر مایوس ہو جایا کرتے ہیں۔حسینوں سے بات کرنے کا ان بے چاروں کو یارا کہاں۔حسینوں سے بات کرنا کوئی آسان بات نہیں ،دانتوں تلے پسینہ آ جاتا ہے۔آرزوئے لب کشائی،گرہ کشائی سے کم نہیں ہوتی۔بعض لوگ تو اظہار محبت میں اتنی دیر لگاتے ہیں کہ معشوقہ دو چار بچوں کی والدہ محترمہ بن جاتی ہے۔کہنے کو تو I love you محض تین لفظ ہیں لیکن یہ تین زمانوں پر بھاری ہوتے ہیں۔اچھے اچھے دانشوروں کی گھگی بندھ جاتی ہے اور اچھے اچھے بولنے والوں کی بولتی بند ہو جاتی ہے۔ I love you کہنے جا رہے ہیں اور I am sorry کہ کے لوٹ آئے ہیں۔لیکن ما بہ دولت فقیر ہیں،سائل مسکین ہیں،ہماری زبان پر تالے نہیں،ہمارے لفظوں پر قدغن نہیں ،ہمارے اظہار پر پابندی نہیں۔یہ نصیب نصیب کی بات ہے۔ہم دھڑنے سے حسینوں کے بہت قریب جا کر ارشاد فرمائیں گے بی بی۔کچھ ملے گا۔بیگم صاحب۔کچھ نکالیے۔پاشاہ۔سرفراز فرمائیے۔کچھ صدقہ ،کچھ خیرات دلوائیے۔بی بی فقیر کو خالی ہاتھ نہ لوٹائیے۔اور ہم ان کلمات عالیہ کے دوران صدقہ و خیرات وصول کر ہی لیا کرتے ہیں۔کیا عرض کریں کہ سائل و مسئول کے درمیان کوئی خط فاصل نہیں۔چشم تحیر انگیز اور حسن دلاویز میں کوئی پردۂ تکلف نہیں۔فقیروں سے حسن والے تکلف نہیں کرتے ادا و ناز سے عطا فرماتے ہیں یا اگر خدانخواستہ عطا و نوازش پر طبیعت مائل نہ ہو تو تبسم کی چاندنی بکھیرتے ہوئے لب ہائے معصوم سے معذرت چاہتے ہیں۔اور حسن کا دیدار چاہنے والے وہی چاہتے ہیں جو یہ چاہتے ہیں اور زبان حال سے بھی ارشاد فرماتے ہیں۔

جو چاہے آپ کا حسن کرشمہ ساز کرے

فقیر دینے والوں سے بھی لیتا ہے اور نہ دینے والوں سے بھی یہ فقیر کی قسمت ہے۔وہ حسن د

جمال کو ملاحظہ بلکہ حسن و جمال کا مطالعہ کر رہا ہے اور حسن والا سمجھ رہا ہے کہ بے چارا ''انتظار بھیک'' میں کھڑا ہے۔ سر سے پاؤں تک ایک گنج لطیف کہ عضو عضو دست حاتم بنا حق کھڑا نے لٹا رہا ہے۔ اور بندۂ بے دام ہے کہ کشکول چشم سنبھالے ''ھل من مزید'' کے نعرے لگا رہا ہے۔ دینے والے نے کیا دیا یہ دینے والے کو معلوم نہیں اور لینے والے نے کیا لیا یہ لینے والا ہی خوب جانتا ہے۔ حسینوں کے تقرب کا واحد زینہ بجز گداگری کے کچھ اور نہیں۔

صلائے عام ہے یاران نکتہ داں کے لیے

چنانچہ جائے خدا تنگ نیست پائے گدا لنگ نیست کے مصداق ہم فقیر بے سرو ساماں تازہ آب وہوا کی تلاش میں اور کبھی گھر خانِ دل ربا کی جستجو میں کوئے یاران کے پیہم طواف میں سرگردان رہتے ہیں۔ چار گھر بھرے چار گھر خالی۔ کہیں نہ کہیں کوئی نہ کوئی صورت نکل ہی آتی ہے۔ اچھی صورتوں سے مانگنے کا لطف ہی اور ہے۔ جب حسینائیں نہیں دیتی ہیں تو ہم ضد پر اتر آتے ہیں۔ خدا کی قسم انتا زچ کرتے ہیں کہ انہیں کچھ نہ کچھ دینا ہی پڑتا ہے۔ خدا بھی اپنے بندے کے زچ کرنے پر عطا فرما ہی دیتا ہے۔ یہ اور بات ہے کہ زچ کرنے پر بندے ناراض ہوتے ہیں اور خدا خوش ہوتا ہے۔ فقیروں سے اور خاص کر ہم جیسے ''موٹے فقیروں'' سے چھٹکارا کوئی آسان بات نہیں۔ مہ جبینوں کو کھولنا ہی پڑتا ہے، اپنے ''پرسوں'' کو نکال کر دینا ہی پڑتا ہے، دو چار روپے ہی سہی۔ اور اگر کوئی گل عذار ہمیں ٹرخانا بھی چاہے تو ہم کہاں اتنے غیرت مند ہیں کہ واقعی خاک اکتفا چاٹنے پر راضی ہوں، اگر راہ خیرات سے نازنینوں کے پاؤں اکھڑنے بھی لگیں تو انہیں پاؤں پر ہم سر نہ رکھ دیں۔ حسن کی خیرات کے لیے حسینوں کی دہلیز پر جبہ سائی کا لطف ہی اور ہے، صاحبان غیرت کو اس بے شرمی کا مزہ کیا معلوم۔ ہر متقی قدر میں مثبت قدر مخفی ہوتی ہے لیکن اس کے لیے اقدار کا عرفان لازم ہوتا ہے۔ آدمی کو جب اقدار عالیہ کا عرفان نصیب ہوتا ہے تو وہ فقیروں کی صف میں آکھڑا ہوتا ہے۔ اسی طرح ناداں کو اقدار سفلیہ کی پہچان لازمی ہے ورنہ ابلیس تو جامہ تلبیس پہنا انسان کو غارت کرنے کے لیے ہر لحظہ منتظر و مضطرب ہے۔ انہ لکم عدو مبین۔

چنانچہ درس فقیری دیتے ہوئے امام الفقرا حضرت درویش کوچہ شاہ نور اللہ مرقدہ ارشاد فرماتے ہیں کہ فقیر اگر تندرے دیوانہ بھی ہو تو کیا کہنے، عرفان کی کیفیت دو آتشہ ہو جاتی ہے۔ جب ہم فقیری کی

جھولی لٹکائے دیدہ و دل بچھائے صدا لگاتے ہیں کہ جو دیا اس کا بھلا اور جو نہ دیا اس کا بھی بھلا تو ہماری ہیت کذائی اور مجنونانہ کیفیت سے دوشیزائیں کھل اٹھتی ہیں۔ خدا آباد رکھے ان ہنستے کھیلتے چہروں کو، یہ کھلکھلاتے چہرے مانند گلاب ہوتے ہیں۔ لیکن برا ہو ان غارت گران زمانہ کا کہ ایک ہی دم میں بلکہ ایک ہی "بم" میں انکی ہنسی پر خاک اڑا جاتے ہیں۔ ان خوش پوش حکمرانوں المعروف بہ شیطانوں سے تو ہم بابرہنہ فقیر اچھے ہیں کہ جان لے کر حکم رانی نہیں کرتے بلکہ حکم رانی کے لیے جان بچھاتے ہیں۔ تماشائے اہل کرم ہی کے لیے تو ہم نے یہ فقیرانہ روش اختیار کی ہے، ورنہ جیب خاص میں قلت پول ہے نہ دل میں خساست و کم ظرفی کی بہتات۔ ان نازنینوں کے پھول چہروں پر تبسمات کی بہاریں دیکھنے کے لیے ہی تو ہم نے مشق جنون جاری رکھی ہے۔ کوچہ و بازار میں رقص و سرود کا واحد مقصد یہی تو ہے کہ معشوقان ناز پرور تماشہ دیکھنے ہی کے لیے سہی ایک ادائے ناز سے پردہ تکلف اٹھادے کہ ریشمی کلائیوں اور مخروطی انگلیوں کا حسن فقیر بے سامان کے لیے گنج سلیمان سے کم نہیں۔ دیوانوں کو چھیڑ چھیڑ کر لوگ لطف لیتے ہیں، مرد و زن کی اس معاملے میں کوئی قید نہیں۔ دیوانوں سے بعض وقت مردوں سے زیادہ عورتوں کو لطف اٹھاتے دیکھا گیا ہے۔ لیکن ہم ایک ایسے دیوانے ہیں کہ ان مستورات بے باک کی ہر چھیڑ پر نیا ہی لطف لیتے ہیں۔ اور ایسی مجنونانہ گفتگو کرتے ہیں کہ دوشیزائیں کھل کھلا اٹھتی ہیں۔ یہ صنف نازک کتنی نادان ہوتی ہیں دیوانوں کی دیوانگی کو نہیں سمجھتیں۔ انہیں کیا معلوم کہ فارسی میں ایک محاورہ "دیوانہ بکار خویش ہشیار" بھی ہے۔ اس طرح ان کا وقت گزر جاتا ہے اور ہمارا کام نکل جاتا ہے۔ ہمارا عقیدہ ہے کہ دیوانگی سے اپنا کام نکال لینا ہی دیوانے کی فرزانگی ہے۔

ہمارا دعوی ہے کہ فقیر جتنا بولڈ ہوگا اتنے ہی وکٹ لے گا۔ آخر کار کئی نازنینوں کو دیکھا گیا کہ ایسے نازک موقعوں پر ایل۔ بی۔ ڈبلیو ہو جاتی ہیں۔ اور یوں بھی بگر خان خساست شعار جب خوب ٹلا ٹلا کر اور تھکا تھکا کر عطا فرماتی ہیں، بھیک لینے کا حقیقی لطف آ جاتا ہے۔ فقیر تو چاہتا ہی ہے کہ اس کی مانگ فوراً نہ پوری کر دی جائے کہ چشم و عارض کے دیدار مسلسل سے محرومی فقیر کے حق میں تقدیر کی عدم دستگیری کے علاوہ کچھ نہیں۔ اگر شومئ قسمت سے ایسا ہو تو بھیک لیتے ہی آگے بڑھ جانا پڑتا ہے، تکرار مانگ کا مزہ نہیں آتا اور اس کے لیے دوسری بھیک تک انتظار کرنا پڑتا ہے جو فقیر کے لیے ایک کرب انگیز کیفیت ہوتی ہے۔

عقلا کا کہنا ہیکہ حسینان عالم ضعیف مردان تنگ دل کی طرح خسیس نہیں ہوتیں۔ جب بھی دیتی ہیں دل کھول کر اور دامن بھر کر دیتی ہیں۔ اب یہ لینے والے کا مقدر ہے کہ ہاتھ بڑھا کر لے یا دامن پسار کر۔ ہم ہندی فقیر ہیں کوئی شیراز کے حافظ نہیں جو یہ ارشاد فرمائیں۔

اگر آں ترک شیرازی بدست آ ورد دل مارا　　بخال ہندوش بخشم سمرقند و بخارا را

ہم تو یہ صدا لگاتے ہیں کہ اے ترک حسینہ خدارا دامن گریہ و عجز میں سمرقند و بخارا ڈال دے اور اگر اس کا یارا نہیں تو اپنے کالے تل کا اتارا ہی ڈال دے۔ ظاہر ہے کہ کسی حسینہ کا دل اتنا تنگ نہیں ہوتا کہ اپنے عارض گلرو کے کالے تل کا اتارا بھی نہ دے سکے۔ اب اس غیر ب کو کیا معلوم کہ فقیر کی فقہ میں کالے تل کا اتار خود وہ رخسار ہوتا ہے جس پر یہ کالا تل دربان تند خو کی طرح ہوئیدا ہے۔

یاد ش بخیر کہ ہم نے حسن کی خیرات کے حصول کے لیے ہم نے اپنے ملک میں جہان گردی اختیاری کرتے ہوئے کشمیر سے کنیا کماری تک اور ادھر سندھ سے آسام تک سیر کی ہے۔ آب و ہوا، زبان و بیان اور تہذیب و تمدن کا تفاوت ہمارے لیے کوئی اہمیت کا حامل نہیں ہوتا۔ چنانچہ متھرا اور کاشی کے بعد ہم نے ہندوستان کے جنوب کو اپنی بھیک کا نشانہ بنایا جہاں گھنی زلفوں والی سانولی سلونی بانکی حسینائیں اپنے قدموں تلے ہزاروں دل پامال کرتی ہوئی نظر آتی ہیں۔ یہاں کے ہوش ربا نظارے ہی لائق دید نہیں ہوتے بلکہ ان نظاروں کو دیکھنے والے بھی لائق دید ہوتے ہیں۔ گیروا لباس زیب تن کیے ہاتھ میں ایکتارا لیے ہم نے وہاں بھی اپنے جوگ اور تپسیا کے جھنڈے گاڑ دئے ہیں۔ ان استھانوں کی اپسرائیں اپنے کومل تن پر رنگ چھلکانے والی ساری باندھے جب پوتر لہروں میں اشنان کرتی ہیں تو ان سے اپنی آنکھیں پھیر لینا طوروان اپسراؤں کا گھور اپمان ہوتا ہے۔ اس موقعہ پر ہم یہ کہے بغیر نہیں رہ سکتے کہ ساری دنیا میں حسینوں کے بدن سے زیادہ کوئی باکرامت شئے نہیں جو بھیگنے کے بعد آنچ دینے لگے۔ ہم جوگی کا روپ دھارے اپنے جوگ کو تمہارے نینوں میں درشن کی پیاس لئے من موہ دیویوں کے دوار سندرتا کی بھکشا اور پریم کی شکشا کی منو کامنا لئے بدیا ترا کی ہے، سچا جوگی روپ کا مارا ہوتا ہے مایا کا نہیں۔ مایا تو ڈھلتی چھایا ہے، ادھر پردیش کرتی ہے تو ادھر ''ٹاٹا''۔ لیکن ''ٹاٹا'' کی دھن دولت کو دیکھ کر جس کے من میں مایا کا لوبھ پیدا ہو وہ جوگی نہیں روگی ہے۔ بہر حال کیرالا کی سندر دیویاں جوگی کے رس بھرے بول سن کر اپنے گھونگھٹ کو اٹھائے

پیاسے نینوں کی پیاس بجھائے یہی کہتی ہیں "جوگی کسکا میت"۔۔۔"اور جوگی کو کس سے پیت"۔۔۔اور جوگی کے شبدھ یہی ہوتے ہیں کہ جوگی کی لیلا ہی الگ ہوتی ہے۔جوگی ہر سندرتا میں پرمیشور کی سندرتا کو دیکھتا ہے۔جوگی کو انیک میں ایک دکھائی دیتا ہے۔

اب دیکھنا یہ ہے کہ ہم نے فارسی سے ام۔اے کرلیا ہے اور بہ ایں ہمہ عدم لیاقت وصلاحیت کے "گولڈ میڈل" بھی حاصل کرلیا ہے، مستزاد ڈاکٹریٹ کی تیاری میں ہیں۔تمنائیں حسب معمول جوان اور امنگیں حسب سابق شباب پر ہیں۔دیکھئے کشور کمال سے کشور جمال کا راستہ کب استوار ہوتا ہے۔پرسوں ہم نے دیوان حافظ سے فال نکالی تھی، یہ مطلع برامد ہوا

اے نور چشم من سخنے ہست گوش کن
تا ساغرت پرست بنوشاں و نوش کن

خواب دیکھنا فقیر کا کام ہے اور اس کو شرمندہ تعبیر کرنا خدا کا کام ہے۔اللہ بس باقی ہوس۔

لاف لگام

ہمیں معلوم ہی نہ تھا کہ زندگی میں کبھی ہمیں میک اپ کرنا پڑے گا۔میک اپ کے فائدوں کا علم ضرور تھا کہ یہ قبول صورت کو حسین اور حسین کو مہ جبین بنا دیتا ہے۔اور جو خود مہ جبین ہوں انہیں کیا بنا تا ہے یہ خدا جانے ،لیکن یہ پتہ نہ تھا کہ میک اپ سے آدمی وقت اور بخت دونوں پر دسترس حاصل کر سکتا ہے۔ہم گمنام زندگی ہی کو باعث تعیش سمجھتے ہیں کہ گمنامی کا عیش ایک لا متناہی عیش ہوتا ہے۔لیکن اس کا عرفان ان لوگوں کو حاصل نہیں ہوسکتا جو نام کے پیچھے ہاتھ دھو کر پڑے رہتے ہیں لیکن اس کے باوجود کوئی نام ہاتھ نہیں آتا۔ پچ آفت نہ رسد گوشۂ تنہائی را کسی عقلمند کا قول ہے جو صرف عقلمندی کو سمجھ میں آتا ہے۔نا سمجھ کو آفت ہی سمجھ میں نہیں آتی عافیت کیا سمجھ میں آئے گی۔لیکن بقول شخصے مشک اور عشق اور ہمارے بقول لیاقت اور عدم لیاقت کسی کے چھپائے نہیں چھپ سکتی۔اب یہی دیکھئے بہ ایں ہمہ گمنامی و بے نامی دکان مہ فروش پر بادہ خواروں کی بھیڑ سی لگی رہتی ہے۔خواہ میکدہ کوچہ سر بستہ ہی میں کیوں نہ مخفی و مخدوش ہو ۔یہ تو خیر عیاں راچہ بیاں ہے کہ لیاقتیں اپنا لوہا منوالیتی ہیں۔لیکن عدم لیاقت بھی اپنے نقوش چھوڑے بغیر نہیں رہتی۔ چنانچہ وہ لوگ جو خیر سے لیڈری کی سند بھی رکھتے ہیں اپنے گھروں پر اپنے نام کی سنہری بلکہ قیمتی تختیاں لگوا لیتے ہیں لیکن عدم تعلیم کا وہ عالم کہ مختی پر تقطیع لکھنی آتی ہے اور نہ کسی شعر ہی کی تقطیع کر سکتے

ہیں۔لہذا انکے نام کی تختی باوجود بہت قیمتی ہونے کے رائیگاں جاتی ہےاور سوائے سفارش خواہ جم گھٹنے کے کوئی اہل علم ودانش کوان کے در پر دیکھا نہیں جاتا۔ویسے لیڈری اور علمیت دونوں الگ الگ اشیاء ہیں ،بہت کم لوگوں میں یہ ایک ساتھ پائی جاتی ہیں۔یہ جوہر کمیاب ہی نہیں نایاب بھی ہے۔لیکن جن لوگوں کو خدانے کیمیاء گر بنایا ہے دنیا انہیں اچھالے یا نہ اچھالے وہ سونا اچھالتے ہوئے ہی نظر آتے ہیں۔قدر جوہر شاہ داند یا بداند جوہری، یہ اور بات ہے کہ نادانوں کو کیمیا گروں کا پتہ نہیں ملتا۔لیکن ٹی۔وی والے بڑے کھوجی ہوتے ہیں، بحر ظلمات میں بھی اگر کوئی شمع جل رہی ہو تو وہ پروانوں کی طرح دیوانہ وار پہنچ جاتے ہیں۔غرض ٹی۔وی والوں کو کسی طرح خبر ہوگئی کہ ملک کا ایک عظیم فنکار گمنامی کی زندگی گزار رہا ہے۔دراں حالیکہ ہم کوئی گھٹے باز شاعر ہیں نہ تملق پسند ادیب۔انہیں خوبیوں کے سبب تو آج تک ہمیں علاوہ کوئی نہیں جانتا۔تعجب ہے کہ اس کے باوجود ٹی۔وی والے ہم تک پہنچ ہی گئے۔ٹی۔وی والوں میں حضرت ابلیس کی مستقل مزاجی ہوتی ہے۔لاکھ گریز کیجیے عاشق صادق کی طرح دامن اور دشمن جانی کی طرح گریبان تھام رکھتے ہیں۔ایک پروگرام دینے کی شدید خواہش ظاہر کی۔معاوضہ معقول ہو تو لوگ ایمان دے دیتے ہیں ہمیں تو صرف ایک پروگرام دینا تھا۔چلئے حامی بھرلی وقت مقررہ پر جب ہم ٹی۔وی اسٹوڈیو پہنچے تو ہمیں سیدھے میک اپ روم میں پہنچادیا گیا۔اور ہمارے بڑھاپے کی مرمت ہونے لگی۔ہم نے لاکھ کہا کہ بھئی ابھی ہم جوان ہیں۔بڑھاپا تو فکر معاش کے سبب بن بلائے مہمان کی طرح آن ٹپکا ہے۔اور پھر ہم نے یہ ہیئت کذائی بہت مشکل سے بنائی ہے، کیونکہ بعض وقت شعر نہیں چلتے شاعر کی ہیئت چل جاتی ہے۔اور پھر وہ شاعر ہی کیا جسے دیکھ کر خیام کا خمار، میر کی قنوطیت اور جگر کی آوارہ مزاجی نہ یاد آجائے۔اگر ہم چونکانے والے اشعار نہیں کہہ سکتے تو کیا ہوا، چونکانے والا حلیہ تو بنا سکتے ہیں۔اور پھر سامعین بھی تو چونکانے والے حلیہ کے شیدا ہیں، یا مسحور کن زنانی آوازوں کے۔ادب وانشا کا ذوق ادباء و شعراء میں باقی نہیں رہا تو سامعین میں کیا رہے گا۔ٹی۔وی والے جب کسی کو مدعو کرتے ہیں تو ''داعی'' کی طرح ناز نہیں اٹھاتے ''راعی'' کی طرح حکم چلاتے ہیں۔ویسے ہم سرحد ضعف میں قدم رکھنے سے پہلے ہی سرحد ضعیفی میں پہنچ گئے ہیں۔یہ ہندوستان کی آب و ہوا سے زیادہ ہندوستان کی معاشی فضا کی نوازشات ہیں۔کم بخت غربت ہے ہی ایسی چیز، آنکھ ناک کی بانکی دوشیزائیں محض افلاس کے کہنہ آثار گرد و غبار کے

سبب عین شباب میں بوڑھی دکھائی دیتی ہیں تو وہیں مرفع الحال گھرانوں کی معمولی ناک نقشوں والی، عمر رسیدہ خواتین نو دریافت سامان سنگھار کے سبب ''ابھی تو میں جوان ہوں'' کا نغمہ گنگناتی نظر آتی ہیں۔ ہم نے اپنے آپ پر غور کیا عمارت قدرے بوسیدہ ہوگئی ہے۔ افکار کے آروں نے چہرے کی جھریوں کو گہرا کر دیا ہے۔ آنکھوں کے اطراف سیاہ حلقوں نے آفتاب حسن میں گہن سا لگا دیا ہے۔ گال بھوکے انسانوں کے پیٹ کی طرح چپک گئے ہیں۔ ناک جو کبھی اونچی تھی آج بھی ضرور اونچی ہے۔ لیکن محاورۃً نہیں۔ بائی فوکل عینک کے بلوں نے کریلے پر نیم چڑھا کر دیا ہے۔ سرکاری ملازمت پر تو ابھی ابھی فائز ہوئے ہیں لوگ پوچھتے ہیں، کب سبکدوش ہوئے ہو؟ جہاں دیدہ مایوسی اور جہاں رسیدہ ناقدریوں نے کچھ ایسا ہانکا لیا ہے کہ صورت کی رونق جاتی رہی۔ دنیا نے ظلم وستم کی وہ سنگ باری کی ہے کہ منہ سے دانت جھڑ گئے۔ بھلا ہو ایک قدردانِ علم عروض کا کہ اس نے بتیسی لگوادی، کیوں کہ منہ میں دانت نہ ہو تو بحر رجز اور بحر ہزج میں شاگردوں کو تمیز مشکل ہو جاتی ہے۔ چائے کی زیادتی کے ساتھ غذا کی قلت نے ہونق بنا ڈالا ہے، آئینہ دیکھتے ہیں تو اپنے آپ پر شک سا ہونے لگتا ہے کہ کہیں یہ ہم ہی تو نہیں۔

آج میک اپ روم کے طویل وعریض آئینہ میں جو خود کو دیکھا، ماضی کے پردوں کو اٹھا کر ایک نوجوان نکل آیا اور دیر تک ہماری حالت زار پر ہنستا رہا اس کے ہنسنے میں طنز کے نشتر بھی تھے اور آگاہی کے تیر بھی۔ تنبیہ کے چرکے بھی تھے اور تفریح کے سامان بھی اور ہم ابھی اس کے بارے میں غور کر رہے تھے کہ اتنا کہ کر چلا گیا۔ ''بے وقوف! لوگ بڑھاپے میں آئینہ نہیں دیکھتے وہ خود ایک آئینہ ہوتے ہیں جس میں نئی نسلیں اپنا عکس دیکھتی ہیں''۔ اور ہم سوچتے رہ گئے کہ یاد ماضی عذاب ہے یارب والا شعر کسی ضعیف شاعر نے خود آئینہ میں دیکھ کر ہی کہا ہوگا۔ ادھر ہم خیالوں میں گم تھے اور ادھر میک اپ مین ہمارے چہرے پر ہاتھ صاف کر رہا تھا۔ پہلے کریم کی ایک تہ جمائی گئی، پھر دوسری تہ اور پھر تیسری تہ اور پھر پتہ نہیں کیا کیا لگایا گیا۔ بعد از آں تتمہ کے طور پر پاؤڈر کی ایک تہ تھوپی گئی ایسا لگا مانو سیاہ بادلوں سے پہلی دھوپ کی کرنیں پھوٹ پڑی ہوں۔ لیکن خزاں رسیدہ درختوں پر برگ وبار کی بہتات اچھی معلوم نہیں ہوتی۔ خشک پتے اور برہنہ ٹہنیاں ہی خزاں کا زیور ہیں۔ اس موسم میں کونپلیں نہیں پھوٹتیں تنوں میں دراڑیں سر ابھارتی ہیں، لیکن بہ ایں ہمہ حقائق جیسے دیوان خانے میں پلاسٹک کی سبز اور نیل گوں بیلیں دل کو اچھی معلوم ہوتی ہیں اسیہ

میک اپ بھی کچھ اچھا ہی معلوم ہوتا ہے۔ چلئے ہمیں بھی کچھ اچھا ہی لگا۔ آئینہ میں دزدیدہ نگاہی سے خود کو دیکھا، قدرے خوشی ہورہی تھی۔ گردش ایام جب پیچھے لوٹتی ہے تو خوشی سے لوٹنے کو جی چاہتا ہے۔ ہماری خوشی میں ہاگا ڈالنے پھر وہ نوجوان ایک گوشہ سے جھانکا اور چیخا "بوڑھوں کو میک اپ کی نہیں پیک اپ کی ضرورت ہوتی ہے۔ بوڑھے اپنی حسین صورت سے نہیں بھیانک موت سے قریب ہوتے ہیں۔" اتنا سن کر ہم جز بز ہوگئے۔ آدمی دنیا بھر کی باتوں کو نظر انداز کر دیتا ہے لیکن ضمیر کی گوشمالی روح کو مجروح کر دیتی ہے۔ آئینہ کی صداؤں کو آئینہ میں دیکھنے والے ہی سن سکتے ہیں۔ دوسروں کو یہ آواز سنائی نہیں دیتی۔ میک اپ میں ہمارا مسلسل میک اپ کئے جارہا تھا اور ہم ان غزلوں کے بارے غور کررہے تھے جو آج ہمارا انتخاب تھیں۔ جوں جوں ہمارا میک اپ آگے بڑھتا ہم خود کو پیچھے کی جانب کھسکتا ہوا محسوس کررہے تھے۔ لیجیے تھوڑی دیر میں دس پندرہ سال پیچھے ہوگئے۔ میک اپ کا جب آخری ٹچ اپ ہونے لگا تو پھر وہ نوجوان، حیف پردہ غیب سے برآمد ہوا اور چیخا۔۔۔۔ "شرم تم کو مگر نہیں آتی، سینگ کٹوا کر بچھڑوں میں ملنا چاہتے ہو"۔ اتنا سننا تھا کہ اب ہم آپے سے باہر ہوگئے۔ گالی جب حقیقت سے قریب ہوجاتی ہے تو غصہ آنے لگتا ہے۔ ہم نے بھی چیخ کر بے آواز سرگوشی کی۔ بھائی، مدتوں بعد تو کسی نے ہمارے چہرے کو اس مروت و محبت سے دیکھا ہے اور لمس تلطف بخشا ہے، ورنہ ہمیں اتنا شوق اور اتنی فرصت کہاں کہ اپنے آپ کو اس توجہ سے دیکھیں۔ آدمی مرنے تک زندگی کے ساتھ رہتا ہے، لیکن موت تک زندگی سے تعارف حاصل نہیں ہوتا، اور جب تعارف حاصل ہوتا ہے تو لا حاصل ہوتا ہے۔ کچھ وقت اگر حظ و انبساط کا حاصل ہورہا ہے تو اے ناقد حیات تو کیوں مائل بہ تنقید ہے۔ لڑکے نے سنی ان سنی کی اور حسب عادت منصۂ احساس سے غائب ہوگیا۔

میک اپ روم سے باہر نکلے تو دنیا جوان تھی۔ گل مداروں کے ترشے ہوئے پیکر مینا بدوش ہی نہیں ساغر بہ دست بھی معلوم ہوتے تھے۔ ہر طرف بہار ہی بہار تھی۔ احساس کی کرنوں نے زندگی کی شمع کو ایک بار پھر روشن کر دیا تھا۔ دور دور تک اجالا تھا۔ ہاتھ پاؤں میں ایک غیبی توانائی انگڑائیاں لے رہی تھی۔ قدم بجے تلے پڑنے لگے تھے۔ دیدہ بازی کی مشق نے پھر جنم لیا۔ حیات، نشاۂ ثانیہ کا ترانہ پڑھنے لگی۔ امنگوں نے دامن پھیلا دیئے۔ آرزوؤں نے سہارا دیا، لڑکھڑانے کی خو جاتی رہی۔ سانسوں میں نظم پیدا

ہو گیا۔ ایسا لگ رہا تھا کہ میک اپ مین نے ہمارے اندر ایک نئی روح پھونک دی ہے۔ ہم سوچ رہے تھے کہ آخر وہ بوڑھا چلا کہاں گیا جو کل تک ہمیں مایوس کیا کرتا تھا۔ کاش کوئی ہماری قوم کا بھی میک اپ کر دے کہ مدّتوں سے یہ محروم التفات و مرہون انحطاط ہے۔ ہم سوچ رہے تھے کہ آدمی کو یہ ہرگز نہیں سوچنا چاہیے کہ وہ بوڑھا ہو گیا ہے۔ یہ سوچتے ہی وہ واقعی وہ بوڑھا ہو جاتا ہے۔ لیکن جب اسے یہ گمان غالب ہوتا ہے کہ ہنوز وہ جوان ہے تو وہ جوان ہوتا ہے۔ گمان بہر صورت اپنا اثر دکھاتا ہے۔ اسی لیے تو کہا گیا کہ انّ بعض الظن اثم. جوانی کے تصور کے ساتھ ہی احساسات آرزوؤں کے پیرہن پہن لیتے ہیں، جذبات میں ہلکی سی ہلچل مچ جاتی ہے۔ انداز و عادات میں ایک مودبانہ اور موقع و محل کے اعتبار غیر مودبانہ کیفیت پیدا ہو جاتی ہے۔ لیکن غضب ہے دیکھنے والوں کو برا معلوم ہوتا ہے۔ لوگ بوڑھوں کے چونچلوں کو برداشت نہیں کر سکتے۔ جوانوں کی صف میں بوڑھوں کی شمولیت شریف لوگوں کو گوارا نہیں ہوتی۔ وہ یہ چاہتے ہیں کہ بوڑھے، بوڑھے ہی رہیں، جوان ہونے کی ناکام کوشش نہ کریں۔ سمجھ میں نہیں آتا کہ اس میں جوانوں کا کیا نقصان ہوتا ہے۔ اگر بوڑھے جوان دکھائی دینے بھی لگیں تو اس میں معاشرتی و معاشی عیب ہی کیا ہے۔ یوں بھی جوان دکھائی دینے والا بوڑھا وہ بچھو ہوتا ہے جس کا ڈنک وقت کے ہاتھوں نے توڑ رکھا ہے اور یوں وہ ایک بے ضرر سی شے ہو کر رہ جاتا ہے۔ گو وہ خم ٹھوک کر کہہ بھی لے کہ ''مومن ہو تو بے تیغ بھی لڑتا ہے سپاہی'' لیکن یہ مصرع، مصرع ثانی کے واردات کا سبب نہیں بن سکتا۔ چنانچہ اب ان بوڑھوں سے ہمارا مطلب ہے ان بے چاروں سے چنداں خوف زدہ ہونے کی ضرورت نہیں ہے۔ اور پھر بچھو کا سارا حسن اس کے ڈنک میں پوشیدہ ہوتا ہے اگر ڈنک ہی نہیں رہا تو پھر بچھو لاکھ خوش رنگ و خوش نما ہو ''حسن بے فیض'' ہے۔ اور پھر ان عقربان بے نیش کے دہنوں سے بتیسیاں، سروں سے وگیں، بالوں سے خضاب اور آنکھوں سے کاسمیٹک لینس نکال لیے جائیں تو یہ بے چارے ابدان بے روح کی مانند ہیں۔ احمقوں کو لاشوں کی تزئین سے فکر ہوتی ہے، عاقلوں کو ان کی تدفین کا خیال رہتا ہے۔ ڈولے میں اگر میت ہل بھی رہی ہو تو اس سے اس کی زندگی ہویدا نہیں، ڈولا برداروں کی رفتار سے ایسا ہو رہا ہے۔ بوڑھوں کا شبہ شباب اور لاشوں کا شبہ حیات ایک سکّے کے دو رخ ہوتے ہیں۔ لیکن احمق نو جوانوں کو بانکے بوڑھوں سے بلا وجہ جلن ہوتی ہے۔ اور یہ لوگ ان کے بے نام چونچلوں سے حسد کرنے لگتے ہیں۔ یہ

لوگ جو دن کی روشنی میں انہیں دیکھ کر جل رہے ہیں اگر رات کی تنہائی میں ان کا کرب دیکھیں تو مارے شرمندگی کے شعلہ پوش ہو جائیں۔ ہم ایک حسین خاتون کے والہ و شیدا تھے، ایک دن قسمت کے پٹ کھل گئے اور انہیں غسل خانے سے غسل فرما کر نکلتے ہوئے دیکھ لیا، پھر کیا تھا روح کی گہرائیوں سے ایک عدد چیخ برآمد ہوئی اور عشق نامراد نے بحر ظلمات میں کود کر خودکشی کر لی۔ اب ہم شام کی جہاں دیدہ نیرنگیوں پر مائل نہیں ہوتے بلکہ صبح کی امید افزا رنگینیوں پر فدا ہوتے ہیں۔ غرض کیمرہ مین کے اشارے پر جب ہم نے غزل کی ابتدا کی، کھوسٹ اور پامال ترنم سے گریز کرتے ہوئے نئے اور جوان ترنم کو اختیار کیا۔ رہ رہ کر ہر شعر پر وہ تمام حسینائیں یاد آنے لگیں جن سے ہم نے بے اختیارانہ محبت کی تھی۔ اور غیر اختیارانہ مایوسی کا شکار رہے تھے۔ محبتوں کے معاملے بھی عجیب ہوتے ہیں۔ آدمی اگر صاحب ظرف وظرافت ہو تو ایک دو سے نہیں بیسیوں سے محبت کر سکتا ہے۔ یہ اور بات ہے کہ شادی ہر ایک سے ممکن نہیں، اور پھر ہم شادی کو محبت کی منزل سمجھتے کہاں ہیں۔ محبت آپ اپنی راہ اور آپ اپنی منزل ہوتی ہے۔ ویسے محبت کرنے میں جاتا بھی کیا ہے، یہ اور بات ہے کہ آتا بھی کچھ نہیں۔ حسنی، نگار، مہوین، فردوس، نیلوفر، جبین، عالیہ ہر شعر کے پردے سے کوئی نہ کوئی صورت برآمد ہو رہی تھی۔ جن سے ہم نے فراخ دلی سے محبت کی تھی لیکن فراخ دستی نہ ہونے کے سبب محروم شادمانی رہے تھے۔ فراخ دلی کے ساتھ ساتھ فراخ دستی بھی ہو تو کیا کہنے۔ دیواریں اور دراڑیں آپ ہی آپ ہموار ہو جاتی ہیں۔ کوئی فرماؤ کہ ہم فرمائیں کیا؟۔ غزل پیش کر کے ہم خلاف عادت بجلی کی طرح اٹھ کھڑے ہوئے، تعجب ہے کہ نہ کہنہ آثار گھٹنوں سے چٹخنے کی صدا آئی نہ جہاں گرد ٹخنوں سے چیخنے کی آواز۔ ریڑھ کی مسلسل ہڈیاں جو برسوں سے مائل بہ رکوع تھیں، اللہ اکبر کہ حالت قیام میں آ گئیں۔ فکر نے شکر کے سجدے بجا لائے، زبان نے چٹخاروں کا اعادہ کیا۔ اسٹوڈیو سے باہر نکلے تو تازہ ہوا کے جھونکوں نے دل کی گہرائیوں سے ہمارا استقبال کیا۔ دو چار گہری سانسیں جو لی، ذہن سے الجھنوں کا بوجھ اتر گیا۔ دل نے دھڑکنے کا طریقہ سیکھا۔ جذبات نے بہکنے کے قرینے۔ یا للعجب وہ اسکوٹر جو والد بزرگوار نور اللہ مرقدہ نے یادگار خاندانی کے طور پر عطا فرمائی تھی، ایک ہی کک میں اسٹارٹ ہو گئی۔ مزید براں کہ یہ کک ہم نے خلاف عادت سیٹ پر بیٹھ کر لگائی تھی۔ جب اسکوٹر فراٹے بھرنے لگی تو پتہ چلا کہ ہمارے لبوں پر نہ جانے کس گوشہ سے لپک کر یہ مکھڑا رقص کرنے لگا۔۔۔ کوئی نہ کوئی چاہیے پیار

کرنے والا۔ راستے میں عشاء کی اذان سنی تو اسی آب و تاب کے ساتھ مسجد کا رخ کیا اور پوری سترہ رکعتیں ادا کی اور کسی رکعت میں بیٹھنے کی ضرورت محسوس نہ ہوئی۔ واقعی خیالات بدلتے ہی حالات بھی بدل جاتے ہیں۔ ہمارا خیال ہے کہ آدمی کو اچھا ہی سوچنا چاہیے اور اچھے آدمی اچھا ہی سوچتے ہیں۔ لیکن بعض لوگ برا سوچنے کو اچھا سمجھتے ہیں اور دوسروں کے بارے میں برا سوچتے سوچتے اپنے بارے میں بھی برا سوچنے لگتے ہیں۔ اور اس برے سوچ کی برائی سارے معاشرے کے کینوس پر برائی کا برش پھیر دیتی ہے۔ اچھا ہے کہ آدمی برا نہ سوچے۔

غرض انھیں خیالوں میں ہم گم تھے کہ محلے میں جا پہنچے۔ محلے کے جانے پہچانے راستوں میں جانے پہچانے والے، جاننے پہچاننے کی کوشش کرنے لگے۔ گھوڑو بھائی نے پہلے پہچانا پھر ہاتھ ملایا اور ہمارا اسٹائل دیکھ کر حیران رہ گئے مانو گیری گیری پک الزبتھ ٹیلر سے مصافحہ کر رہا ہو۔ چنو پہلوان جس کے ہم برسوں سے قرضدار تھے، اور جسے دیکھ کر ہم آنکھ بچا کر نکل جایا کرتے تھے، کے سامنے جا کر اپنی اسکوٹر روکی اور اسے اپنے قریب بلایا۔ پہلے تو وہ بے چارا ششدر رہ گیا پھر با دل ناخواستہ ہمارے قریب چلا آیا ۔ہم نے کہا" چنو تمہارا ایک ایک پائی تمھیں مل جائے گا ، بے فکر رہو۔" یہ سن کر وہ مسکرا دیا اور جواباً ہم نے بھی مسکرا دیا۔ اس کے جبڑے کو چیر کر باہر جھانکتے ہوئے دانت بے نقاب ہو کر مزید باہر نکل آئے۔ ہمارے گرم جوش مصافحہ کی حرارت اس کی روح تک جا پہنچی۔ حیرت ہے کہ ہماری جرأت رندانہ اور چنو کی ادائے احمقانہ ایک ساتھ منصۂ شہود پر کیسے جلوہ گر ہوئی تھی۔ اب ہم گھر پہنچ گئے بلکہ دروازہ کھلا تھا، بلا کھٹکے اندر داخل ہو گئے۔ اپنے گھر میں پردہ کیسا، لیکن تعجب ہے بیگم نے پردہ کر لیا۔ پھر ان کا جو شبہ یقین سے بدلا گھونگھٹ اٹھایا اور جو ہمیں میک اپ کی ہیئت کذائی میں ملاحظہ کیا قہقہہ مار کر ہنسنے لگیں۔ ہم نے خیریت پوچھنے والی قہر آلود نگاہوں سے گھورا تو قہقہوں کی گونج میں اتنا ہی فرمایا "لال لگام" اور یہ لفظ ارشاد فرما کر وہ مودی خانے کی جانب بڑھ گئیں اور ہم دولتیاں جھاڑ کر غسل خانے میں گھس گئے۔

جو وعدہ کیا وہ نبھانا پڑے گا

خدا گواہ ہے کہ ہم اپنے آپ کو خوب جانتے ہیں بلکہ اپنے سر کو بھی جو اس لائق بھی نہیں کہ بھری محفل میں قدرے اٹھ بھی سکے اور پھر اس سر کو سرفرازی کا کیا حق کہ جس نے کبھی اپنے مالک کے در پر جھکنا جانا ہی نہ ہو۔ درحقیقت سرفرازی کا حق تو ان لوگوں کا مقدر ہوتا ہے جو اپنے پروردگار کے حضور مدام سربسجود رہتے ہیں۔ یا پھر اس سر کو سرفرازی کا حق حاصل ہے جو اپنے دامن میں کچھ رکھتا بھی ہو۔ یہاں تو اپنے سر کا یہ عالم ہے کہ کوئی سودا ہے نہ خیال معتبر، کوئی فکر صحیح کا حامل ہے نہ شعور سے وابستہ، بس جب دیکھیے دنیا کے دھندے میں سر کھپائے رہتا ہے۔ بس روز و شب دینار و درہم کا چکر ہے اور یہ سر نامراد ہے۔ تاہم، ہم اس سر کو بھی سرفرارزی کا حقدار متصور کرتے ہیں جو در جاناں پر مدام سجدہ ریزی و جبہ سائی میں تا حیات مصروف و مشغول رہے یا پھر ایک وہ سر جو نام معشوق پر شانے سے جدا ہو کر وصل کی لذت حاصل کر لے ۔ہم ناوانوں کو کیا معلوم کہ دراصل لذت وصل سر کٹنے کے بعد ہی حاصل ہوتی ہے اب کس میں اتنا حوصلہ ہے کہ اپنے سر کو تن سے جدا کر کے لذت وصل حاصل کرے۔ سنا ہے کہ حصول معرفت، وجود خاکی کے ساتھ ممکن نہیں۔ آدمی جسم و جان چھوڑ دے اگر یہ نہیں تو انا و آن ہی چھوڑ دے۔ تاریکیوں کے وجود کے ساتھ روشنی کا گذر ممکن نہیں۔ یا روشنی ہوگی یا تاریکی۔ ایمان ہوگا یا کفر۔ صبح کی پہلی کرن کے ساتھ ہی شب دیجور کے بھیانک سائے آپ ہی آپ غائب ہو جاتے ہین لیکن اس صبح کی پہلی کرن جاگنے والوں کا مقدر ہوتی ہے، سونے والوں کی تقدیر نہیں۔

اب یہ قسمت کی بات ہے کہ ایک دن اپنے سر بے مغز کی قسمت جاگ اٹھی۔ استاد گرامی قدر دکتر عزیز بانو صاحبہ کا فون آیا، موصوفہ نے فون پر یہ مژدہ جانفزا سنایا کہ آپ بھی کیا یاد رکھیں گے کہ کس فرد

فیاض سے آپ کا بھی پالا پڑا تھا۔ ہم آپ کو ایک کلاہ بیش بہا عطا فرمانے والے ہیں اور آپ کے استاد گرامی قدر ڈاکٹر تنویر الدین خدا نمائی کی خدمت میں ایک کلاہ دل آویز گزراننے والے ہیں۔ ہم نے سوچا واقعی اہل علم و فضل حضرات کے ساتھ رہنے میں ایک فائدہ یہ بھی ہے کہ خود اہل ہوں یا نہ ہوں بہر حال اہل گردانے جاتے ہیں۔ اب یہی دیکھیے شوفر کتنا ہی لوفر کیوں نہ ہو اپنے صاحب کے ساتھ دعوت و عداوت میں بہر صورت لگا رہتا ہے۔ بلکہ وہاں بھی لگا رہتا ہے جہاں صاحب لگے نہیں رہتے۔ ممکن ہے یہ میڈم کو اچھا نہ معلوم ہوا ہو کہ استاد کو کلاہ نذر کی جائے اور شاگرد اپنا سر بلکہ برہنہ سر کھجاتا رہے۔ واقعہ یہ ہے کہ ہم میں اور ڈکٹر تنویر الدین خدا نمائی میں زمین آسمان کا فرق ہے۔ وہ خدا نمائی ہیں اور ہم جلوہ نمائی ہیں۔ انہیں خدا نما بزرگوں سے نسبت ہے اور ہمیں جلوہ نما حسینوں سے۔ وہ فارسی میں ایرانی مہ جبینوں سے بات کرتے ہیں اور ہم فارسی میں انہیں دیکھتے ہیں۔ وہ فارسی میں بولتے ہیں اور ہم فارسی میں سنتے ہیں۔ ویسے ہم دل سے گفتگو کے قائل ہیں زبان تو نامراد غلط بیانی سے بھی کام لیتی ہے۔ زبان کہتی ہے ''حال شما خوب است؟'' اور دل کہتا ہے'' جمال شما خوب است''۔ ہم دل کے آدمی ہیں، دل سے کام کرتے ہیں اور دل ہی سے کام لیتے ہیں۔ چنانچہ دل کے عنوان سے بنی تمام فلموں کو بہت دل چسپی سے دیکھا ہے۔ مثلاً دل، دل سے، دل تیرا دیوانہ، دل نے پھر یاد کیا، دل دیا درد لیا، دل اپنا اور پریت پرائی، دل کا کیا قصور، دل ہے کہ مانتا نہیں، دل نے پکارا، دل دیوانہ دنیا ہشیار، وغیرہ وغیرہ۔ اگر واقعی زبان بھی کچھ لائق ہوتی تو اس بے چاری پر ایک فلم تو بنی ہوتی۔ کہتے ہیں کہ دل اگر شامل نہ ہو تو محض زبان سے ایمان بھی نہیں آتا۔ شاعر مشرق نے تو یہاں تک کہہ دیا کہ

زباں نے کہہ بھی دیا لا الہ تو کیا حاصل دل و نگاہ مسلماں نہیں تو کچھ بھی نہیں

تنویر بھائی میں اور ہم میں ایک فرق بہ عنوان اشتیاق یہ بھی ہے کہ وہ نہیں جانتے کہ انہیں کیا نذر کیا جانے والا ہے اس لیے وہ مشتاق بھی نہیں۔ اور ہم یہ جانتے ہیں کہ ہمیں کیا عطا فرمایا جانے والا ہے اس لئے ہم مشتاق بلکہ سراپا اشتیاق۔ ویسے جن ہستیوں کے سر میں سودائے عشق حقیقی ہوتا ہے وہ کلاہ زرین کے آرزومند ہوتے ہیں نہ تاج خسروی کے۔ البتہ وہ ہم ہیں کہ سر میں سودائے مسند زرین لئے آرزوئے

کج کلاہی میں زیر گردوں مدام گرداں رہتے ہیں کہ کب کس زبان عہد آشنا سے عطائے کلاہ کا ایک آدھ فقرہ پھسل پڑے اور ہم ہاتھ دھو کر پیچھے ہی پڑ جائیں کہ:

جو وعدہ کیا وہ نبھانا پڑے گا

یوں بھی ہم اپنے اساتذہ کے فرماں بردار شاگرد ہیں اور اپنے اساتذہ کے فرمان کو پتھر کی لکیر سمجھتے ہیں، خاص اس وقت جب فرمان عطا و نوازش سے متعلق ہو۔ ہم تو اساتذہ کے انعام و اکرام کے اشاروں کو بھی حسب ضرورت الفاظ کے مبارک جامے پہنا کر کام میں لا لیا کرتے ہیں۔ اب یہی دیکھیے کہ پتہ نہیں میڈم نے کس موڈ میں ٹوپی والا فرمان جاری کیا۔ ہم ہیں کہ اس فرمان کو جی او کی طرح حرز جان بنائے مسلسل ساغر انتظار کھینچ رہے ہیں۔ اب ہمیں اس سے کوئی غرض نہیں کہ کہیں میڈم یہ خیال نہ فرمائیں کہ یہ ٹوپی پہننے کی شدید تمنا ہے یا ٹوپی ڈالنے کی۔ ہم فقیر آدمی ہیں" لیتے جاؤ" کی من موہ آواز پر کان دھرتے ہیں، یاد رہے قدرے قلندر بھی ہیں کہ در موعود پر دھرنا بھی دے سکتے ہیں۔ اب یہی دیکھیے ہمارے ایک ہمدم دیرینہ ہیں ڈاکٹر نسیم الدین فریس۔ انہوں نے وعدہ کیا تھا کہ اگر وہ لکچرر بن جائیں تو ہمیں "اکبر دربار" کی بریانی کھلائیں گے۔ آج وہ لکچرر کے عہدے پر فائز ہوئے دس سال ہو گئے اور ہم ہیں کہ درد کمر کی طرح ان کا پیچھا نہیں چھوڑا۔ ہم نے انہیں معصوم عوام کی طرح ان دس سالوں میں پچیس دفعہ تو یاد دلایا اور وہ ہر بار نامراد نیتاؤں کی طرح ہمیں ٹالتے رہے۔ بریانی کے لیے قرآن کی آیت مبارکہ سنائی" اوفوا بعہدکم " کان پر جوں نہ رینگی۔ حدیث شریف کا حوالہ دیا کہ ماں اگر بچے سے بھی وعدہ کرلے تو اسے پورا کرے۔ کوئی اثر نہ ہوا۔ مسئلہ بریانی مسئلہ کشمیر بنا رہا۔ آخرش ہم نے این۔ ٹی۔ راماراؤ کی طرح ان کے دولت کدہ کے سامنے راستہ روکو احتجاج کرتے ہوئے سڑک پر لیٹ کر جو بھیڑ اکٹھی کی، فوراً بزدل منسٹر کی طرح بریانی کھلانے پر راضی ہو گئے بلکہ ایک دانشور لیڈر کی طرح سود انتظار میں خوبانی کے میٹھے پر بھی دستخط کر دی۔

تو ہم عرض کر رہے تھے، ٹوپی والے فون کے آنے کے بعد سے آج تک ہمیشہ کی طرح ہمارے کانوں میں انتظار کی زبردست گھنٹیاں بج رہی ہیں۔ دماغ میں خیالات کا ایک ہجوم سا دھرنا دے رکھا

ہے۔دل میں تمناؤں نے ڈیرے لگا رکھے ہیں۔شخصیت آرزوئے کلاہ کا گہوارہ سی بن گئی ہے۔رات دن سر سہلا رہے ہیں کہ کب یہ سر سرفراز ہوگا اور کب وہ مہربان، بندہ نواز ہوگا۔کئی بار تو ہم نے اس طرح کا خواب بھی دیکھا کہ ہم مسند گلکار پر رونق افروز ہیں اور ایرانی حسینائیں حافظ شیرازی کی غزل پڑھتی ہوئی ایک طرہ پوش کو ہمارے سامنے لا رکھا ہے۔گلر خان شیریں بیاں نے ترنم سے یہ شعر پڑھے۔

اے روئے ماہ منظر تو نو بہار حسن — خال و خط تو مرکز لطف و مدار حسن
در چشم پر خمار تو پنہاں فسون سحر — در زلف بیقرار تو پیدا قرار حسن

اور سر پوش کو جو مخروطی انگلیوں سے مودبانہ سر کا یا معاً تاشقند میں بنی ایک خوب صورت اور دیدہ زیب کلاہ ہوش ربا برآمد ہوئی۔ایک نازنین خوش رو نے ایک ادائے دل نواز سے اس کلاہ بے مثال کو ہمارے سر پر کپکپاتے ہاتھوں سے رکھا۔ہم نے جو اشتیاق دیدار میں اپنے سر بے مغز کو اٹھایا تو ہمارے منھ سے ایک نسوانی چیخ برآمد ہوتے ہوتے رہ گئی۔وہ کوئی ایرانی دوشیزہ نہیں بلکہ مغل اعظم کے جھولتے ہوئے پرتھوی راج تھے۔اس کا لازمی نتیجہ یہ تھا کہ ہم نے اس ایرانی کلاہ کو زیب سر کیے انارکلی کے اسٹائل میں جھک کر آداب بجا لایا اور کلاہ نوازی کا شکریہ ادا کیا۔ہم نے دیکھا کہ ہماری کلاہ میں ایک گلاب آویزاں ہے جو آب خواب آور سے تر ہے۔یہ البتہ ہم سے نہیں کہا گیا کہ جب نگار سلطانہ اپنا دل آویز نغمہ "جب رات ہے ایسی متوالی پھر صبح کا عالم کیا ہوگا" ختم کرلے تو اس گل کلاہ کو شہزادہ سلیم کو سنگھانا ہے یا خود سونگھ کر بے ہوش ہو جانا ہے۔چنانچہ جب گیت ختم ہوا تو ہم نے عافیت اسی میں سمجھی کہ خود سونگھ کر بے ہوش ہو جائیں کیوں کہ ہم گوپی کرشن کے ہیبت ناک رقص سے ہرگز محظوظ ہونا نہیں بلکہ محفوظ رہنا چاہتے تھے۔اور ہم نے ایسا ہی کیا۔جب بیدار ہوئے تو دیکھا کہ ہماری ہندوستانی سگھڑ بیگم ہمیں جھنجوڑ جھنجوڑ کر جگا رہی ہیں اور اس کوشش میں ہماری پراگندہ و بے کلاہ شب رنگ و صبح آثار زلفیں چیخ چیخ کر یہ نوحہ پڑھ رہی ہیں۔

الکلاہ یا خواب شیرین الکلاہ — الکلاہ یا دست مہ دین الکلاہ
سر ببین این بر سر دلہیز تو — واقف اسرار غم گیرد الکلاہ
آرزو مند کلاہ کج شدم — ہاں بیار آن صبح رنگین الکلاہ

آنچہ فرمودید کن بانو عزیز　حافظ اقوال زرین الکلاہ
خوب دانم صورت دست کرم　اعتبار دست فرزین الکلاہ
از کلاہ لعل و گوہر سر بپوش　خوگر الطاف آئین الکلاہ
آمدم برخانہ والائے تو　متقی زار مسکین الکلاہ

جب ٹوپی کا فون آئے کافی دن ہو گئے تو ہمیں یہ شک ہونے لگا کہ کہیں ہم نے وہ فون خواب میں تو نہیں سنا تھا۔ یہ بھی ممکن ہے ڈاکٹر صاحبہ کے پوچھنے پر ہم نے جو قیمت بتائی تھی کہیں وہ انہیں آسمان کو چھوتی ہوئی محسوس تو نہیں ہوئی۔ بات دراصل یہ ہے کہ جب عطا فرمانے والا عطا فرمائی جانے والی شے کی قیمت دریافت کرتا ہے تو عاقل مسئول کو چاہیے کہ اپنے معیار کا نہیں بلکہ معطی کے معیار کا لحاظ رکھے اور یہ غلطی ہم سے سرزد ہو گئی تھی۔ ایک ٹوپی کی قیمت ایک ہزار بتائی تھی اور درست بتائی تھی کہ کشمیری ٹوپیوں کی یہی قیمت ہوتی ہے۔ ورنہ حیدرآباد کے ٹوپی گھروں میں تو پچاس پچاس روپیہ میں بھی ٹوپی مل جاتی ہے جسے چند دن پہننے کے بعد آدمی مفتی سے مفت خور معلوم ہونے لگے اور مولوی سے مولوی مدن دکھائی دینے لگے۔ وہی مولوی مدن جن کے بارے میں انور صابری ثمہ دیوبندی نے یہ شعر پڑھا تھا۔

بڑھائی شیخ نے ڈاڑھی تو اپنی سن کی سی　مگر وہ بات کہاں مولوی مدن کی سی

سستی ٹوپیوں کی ویسے شہر میں بہتات ہے۔ گلی گلی کوچہ کوچہ ٹوپیاں پہنائی بلکہ ڈالی جاتی ہیں جسے پہن کر آدمی کا شریف دکھائی دینا اتنا ہی مشکل ہے جتنا کھدر پہن کر روڑیوں کا لیڈر دکھائی دینا دشوار ہے۔ ایک دفعہ ہم نے ایک سستی ٹوپی خرید لی، روپے ایک غریب لیکن شریف آدمی نے عطا فرمائے تھے۔ شکریہ ادا کرنے جوان کے گھر گئے موصوف نے پہچاننے ہی سے صاف انکار کر دیا۔ زیادہ تعارف کروایا تو دو روپے ہاتھ میں تھما دیے۔ انکار کیا تو کہنے لگے اب کے یہ رکھ لو آئندہ پھر آنا۔ ہمیں یہ معلوم ہی نہ ہو سکا کہ آخر ہماری شخصیت میں کس چیز کا اضافہ ہوا ہے کہ لوگ اس محبت بلکہ عقیدت سے پیش آرہے ہیں۔ ایک دفعہ جمعہ پڑھ کر دوست کے انتظار میں مسجد کے باہر کھڑے تھے کہ کچھ دیر میں اطراف ایک بھیڑ سی جمع ہو گئی۔ لوگ گر پڑ کر خیرات دینے لگے۔ دیکھتے ہی دیکھتے سامنے چلر کا ایک ڈھیر سا لگ گیا۔ جن کے

پاس چلر نہیں تھا وہ ایمانداری سے نوٹ رکھ کر چلر اٹھا رہے تھے۔اب خدا معلوم وہ نوٹ رکھ کر چلر اٹھا رہے تھے یا نوٹ کے ساتھ چلر اٹھا رہے تھے۔ہم حیران کہ یہ اعلان کے بغیر فیضان کیسا ہے۔معلوم ہوا کہ ہماری ٹوپی یہ کرشمہ دکھا رہی ہے۔واقعی آدمی ایک آدھ ٹوپی میں فقیر بھی معلوم ہونے لگتا ہے۔ہمیں فلم رام اور شیام یاد آتی ہے جب وحیدہ رحمٰن دلیپ کمار کو دیکھنے آتی ہے اور وہ بے چارہ اپنی روایتی ٹوپی میں انہیں ہندوستان کا واحد بدھو معلوم ہوتا ہے۔موصوف کی اداکاری اس غضب کی تھی کہ ہمیں تو یہ لگتا تھا کہ وہ پشاور سے ممبئی تک اسی حالت زار میں تشریف لائے ہیں۔جب ہمارے دوست قضائے عمری سے فراغت کے بعد جو ادھر سے گزرے تو سمجھے کہ ہم میں یہ ہنر بھی پوشیدہ ہے۔لیکن ہماری ٹوپی دیکھ کر انہیں اپنی مایہ ناز رائے سے رجوع ہونا پڑا۔میڈم عزیز بانو کو معیاری ٹوپی کی قیمت بتانے کا مقصد بھی یہی تھا ورنہ وہ ہمارے کہنے سے کوئی معمولی ٹوپی ضرور دلوادیتیں لیکن ہمیں ڈر تھا کہ کہیں ہم اسے پہن کر چنچل گوڑہ کی کسی گلی سے گزریں اور وہ ہمیں دیکھ کر ارشاد فرمائیں ''شاہ صاحب لیتے جانا'' ظاہر ہے کہ ہم اپنی آبرو کی نیلامی پر واویلا بھی نہیں مچا سکتے کیوں کہ چنچل گوڑہ کے شریف لوگ سنتے ہیں کہ واویلا مچانے والوں کو بار دیگر واویلا مچانے کے قابل ہی نہیں چھوڑتے۔

اب ہمیں یہ بھی نہیں معلوم کہ میڈم ہمیں کون سی ٹوپی عنایت فرمانا چاہتی تھیں۔جتنے منہ اتنی باتیں کے مصداق جتنے سر اتنی ٹوپیاں ہیں۔رام پوری ٹوپی، کشتی نما ٹوپی، گول قریشہ کی ٹوپی، نینی تال کی اطلسی ٹوپی، دیو بندی ٹوپی، گاندھی ٹوپی، جناح کیپ، روی ٹوپی، اونی ٹوپی، سردیوں کی ٹوپی المعروف بہ کنٹوپ وغیرہ وغیرہ۔ان ٹوپیوں کے علاوہ مشائخ عظام اور مرشدین کرام کی ہمہ رنگ و ہمہ انداز و ہمہ اقسام کی ٹوپیاں بھی ہیں جن کی بہتات سے دل پراگندہ اور آنکھیں حیران ہیں۔ویسے ہمیں مرشدوں کی اونچی اونچی رنگین ٹوپیاں بہت پسند ہیں لیکن ان نورانی ٹوپیوں کے بعض پہننے والوں کے دلوں میں جو تاریکیاں دیکھی ہیں۔دل برداشتہ ان ٹوپیوں ہی سے نالاں ہوا تھے۔الامان والحفیظ جبہ و دستار میں تو خلق و کردار کی پرورش ہونی چاہیے۔یہاں جو ہم نے بد خلقی، بے مروتی، انا، دنیا طلبی اور جاہ پرستی دیکھی۔سر سے شملہ اتار کر شیشم کے صندوق میں رکھ دیا اور اب مدت سے برہنہ سر گھوم رہے ہیں۔کبھی کبھی شیطان کی

طرح سر میں مٹی بھی ڈال لیا کرتے ہیں تا کہ بغض و عناد اور حرص و ہوس کے وہ شعلے جو تا لو سے بر آمد ہو رہے ہیں فرو ہوں۔ سنتے ہیں کہ مٹی مردوں کے تک عیوب چھپا دیتی ہے۔لیکن ابلیس کے نقش قدم پر چلنے سے کہیں منزلیں ملتی ہیں ۔تعصب کی آگ شائد مٹی سے نہیں ندامت کے اشکوں سے بجھتی ہے۔اور ندامت کے اشک کوئی سانچے موتی نہیں جو بازار میں دستیاب ہوں۔ برہنہ سری کو اس لئے بھی اختیار کیا ہے کہ کوئی تو صاحب دل اور اہل نظر ہماری برہنہ سری پر رحم فرما کر کشف وکرامت کی کوئی ایسی ٹوپی پہنا دے کہ سر سے خودسری کا بھوت ہی اتر جائے۔خود ستائی کی چڑیل ماری جائے ،تکبر کا افریت سولی چڑھے ،حرص کا عزازیل قید ہو اور کچھ ایسی ہوا چلے کہ ہوا کا شیطان ہوا ہو۔ورنہ دیدہ زیب ،قیمتی اور خوبصورت ٹوپی پہننے سے کہیں آدمی با اخلاق و صاحب کردار ہو سکتا ہے۔ یہ تو طے ہے کہ صوفیوں کی ٹوپی پہن لینے سے شیاطین اہل اللہ نہیں بن جاتے ۔ جہاں تک ہمارا خیال ہے کہ جہاں ساز فرشتہ رو ابالیس تو رنگین ٹوپیاں پہنتے ہی اس لئے ہیں کہ اپنی دنیا کو رنگین بنا سکیں۔رہ گئی رسم اذان روح بلالی نہ رہی کے مصداق سروں پر اب محض ٹوپیاں رہ گئی ہیں اور دلوں سے حرارت ایمانی مرخص ہو چکی۔ہم تو مردوں کو دفن کرنے کے قائل ہیں جب ٹوپیاں مردہ ہو چکی ہیں تو اب یہ لاشیں سروں پر محض ایک بوجھ سے زیادہ نہیں ۔اس سے تو سبک سری بلکہ بے سری اچھی ہے۔

ہم میں دوسروں سے پوچھنے کی تو ہمت نہیں ہم اپنے آپ ہی سے پوچھتے ہیں کیا گاندھی ٹوپی پہننے والا ہر گاندھی وادی مہاتما کرم چند کے نقش قدم پر ہے۔مہاتما گاندھی جی کا پوتر نام لینے والے کچھ اتنے اپوتر بھی ہوتے ہیں کہ خود مہاتما کی آتما ان سے پناہ مانگتی ہے۔من اتنا کٹھور ہوتا ہے کہ دور دور تک دیا کا دیا جلتا دکھائی نہیں دیتا۔ یہ ابھاگے لوگ زبان سے کہتے ہیں "بھارت کی جئے" اور من سے کہتے ہیں "معدہ زندہ باد" اب تو لیڈروں نے ٹوپیاں اتار پھینکی ہیں اور اجلے کپڑوں سے کام چلا رہے ہیں۔ جب ان کے اجلے کپڑے سیاہ کاری کے پسینے میں بھیگ جاتے ہیں تو کلف کردار کی طرح کف بن کر بہہ جاتا ہے اور بدن پر چند ایک سوت کے تار رہ جاتے ہیں جو روح کے تار تار ہونے کا اعلان کرتے ہیں۔ساری قوم نے نادانی کی ٹوپی پہن رکھی ہے بلکہ کانوں تک کنٹوپ ڈال رکھا ہے شائد اس لیے بھی بزرگوں کے نصائح ان

کے دلوں تک نہیں پہنچتے۔ شاخوں پر اچکنے والوں کو منچ پر لا بٹھایا ہے۔ مستزاد یہ کہ معصوم بلیوں میں روٹی تقسیم کرنے کے لیے ہاتھ میں انصاف کی ترازو بھی تھمادی ہے۔ اب جو قسمت کی روٹی ہے لیڈر کے مقدر میں ہے۔ بلیاں منہ چاٹتی رہ جاتی ہیں اور یہ حضرات اپنے مکروہ توندوں کو سہلاتے ہیں اور اپنی مکروہ ڈکار سے بھارت کی مسحور کن فضا کو مکدر و مسموم کرتے ہیں۔ بھارت میں آزادی کے بعد روٹیوں کی تقسیم بہت آزادی سے ہو رہی ہے لیکن تعجب ہے کہ غریبوں کے پیٹوں سے ہنوز بھوک آزاد نہ ہو پائی۔ دولت کی غیر موزوں تقسیم کے سبب یہ سونے کی چڑیا کہلانے والا ملک افلاس کا کوا بن گیا ہے۔ اب یہی دیکھیے لیڈر کا مکان گویا ثانی تاج محل ہے اور لیڈر کو لیڈر بنانے والے غریب کا مکان' مکان تک کہلانے کے لائق نہیں ہے۔ وہ کروٹ لیتا ہے' کروٹ کروٹ کچی کلیاں اپنی نوشگفتہ مہک سے فضا کو رومانی بنا دیتی ہیں اور یہ غریب کروٹ لیتا ہے تو بھوکے بچے بلبلا اٹھتے ہیں۔ وہ نرم و گداز تکیوں پر پہلو رکھ کر دیتا ہے اور یہ پیٹ میں پاؤں سمیٹ کر سوتے ہیں۔ وہ بستر سے اٹھتا ہے تو دولت مندوں کے فون آتے ہیں اور یہ جب بستر سے اٹھتا ہے تو منہ سے خون آتا ہے۔ اس کے علاج معالجہ پر لاکھوں خرچ ہوتے ہیں اور یہ بیمار پڑتا ہے تو خود خرچ ہو جاتا ہے۔ ہم سمجھتے ہیں کہ جب تک ہم ہندوستانی حمق و استغناء کی ٹوپی پہنے رہیں گے ہندوستان کا تاج خسروی کسی ''انسان کے سر'' کا مقدر نہ ہوگا' اب تو ایسا لگتا ہے کہ ملک ایک جنگل ہے' جس میں صرف اہل زر منگل منا رہے ہیں' غریبوں کو تو صرف روٹی کا چکر یاد رہتا ہے' انہیں کہاں یہ یاد رہتا ہے کہ کب ''حضرت پیر'' رخصت ہوئے اور کب ''منگل سنگھ'' براجمان ہوئے ہیں۔

ہم پہننے اوڑھنے کے معاملے میں بہت محتاط اور مہتمم قسم کے آدمی ہیں۔ محتاط اس لیے کہ اپنی چیز کسی کو نہیں دیتے اور مہتمم اس لحاظ سے کہ دوسروں کو اہتمام سے دینے کی ترغیب دیتے ہیں مثلاً یہ کہ اگر محترمہ نے حسب وعدہ کلاہ خوش رو و بیش بہا عنایت فرمادیں تو کیا ہم محض ٹوپی پر اکتفا کرلیں گے' ایسا نادان لوگ کیا کرتے ہیں صاحبان ظرف و زبان نہیں اور پھر محض نئی ٹوپی پہن کر ہم باہر نکل بھی کیسے سکتے ہیں اور نکلیں بھی تو کیا صورت لے کر نکلیں گے' لوگ یہ نہ کہیں گے کہ آج تمہارے خوئے اہتمام کو کس بدخو کی نظر لگ گئی۔ ظاہر ہے کہ میڈم کو بھی تو یہ اچھا نہیں لگے گا کہ ایک شریف آدمی محض نئی ٹوپی پہنے گھوم رہا

ہے۔ بہر حال ایک عدد ململ کا کرتا ایک عدد نئی ٹوپی کے ساتھ ناگزیر ہوتا ہے۔ پھر بھی نئی ٹوپی کے ساتھ صرف مل مل کا کرتا کچھ جچتا نہیں جب تک کہ سات ہم رنگ و ہم آہنگ بٹنوں والی مناسب حال شیروانی زیب تن نہ فرمائی جائے۔ ہم تو ان حضرات کو احمق اللذی خیال کرتے ہیں جو نئی ٹوپی تو پہن لیتے ہیں اور پرانی شیروانی سے کام چلاتے ہیں۔ ہم وضع دار آدمی ہے اور اپنی تمام وضع داریاں پورے شرح وسط کے ساتھ اپنے نیکی خواہوں پر منکشف کرنے کو فرائض منصبی خیال کرتے ہیں تاکہ معطی و مہربان حضرات کو بعد میں اپنی محرومی پر ملال نہ ہو۔ ہم تو یہ کہتے ہیں کہ پہنو یا پہناؤ لباس شرفاء کی طرح مکمل ہونا چاہیئے۔ ظاہر ہے کہ مرد پاشاہ ہوتا ہے "بپاشاہ" نہیں کہ ادھورے ادھورے کپڑے پہن لے کہ دیکھنے والے حسرت کریں کہ اس قدر اکتفا کی بھی کیا ضرورت تھی۔ بہر حال خود میڈم ہرگز یہ نہ چاہیں گی کہ ہم تہذیب و تمدن پر کلنک کا ٹیکا بنیں داغ حسرت کی طرح سرزمین دکن میں انڈوں پر سے اٹھی ہوئی بے وضع و بدہیت مرغی کی طرح کڑکڑاتے پھریں اور پھر ایک عدد شیروانی میں لگتا بھی کیا ہے دو میٹر کپڑا اور چٹکی بھر مزدوری لیکن یہ کیا کم سعادت ہے کہ ملک کا ایک نامور شاعر ادیب اور طنز و مزاح نگار مستزاد ایک شعلہ بیان مقرر، مایہ ناز خطیب اور لائق فرزند دکن موصوفہ کے عطا کردہ لباس فاخرہ میں ملبوس مسند رشد و ہدایت، ممبر واعظ و خطابت، مجلس دعوت و عداوت میں جلوہ گر ہوگا اور جب لوگ حسب قاعدہ اس حیوان ظریف و انسان لطیف سے یہ ارشاد فرمائیں کہ میاں اس لباس میں خوب جچ رہے ہو تو وہ کنواری دوشیزاؤں کی طرح اپنی چھوٹی انگلی کو اپنے چمکیلے دانتوں میں دبا کر عرض کرے کہ یہ عزیز میڈم کی سوغات عزیز ہے ورنہ بندے کی اوقات ہی کیا ہے۔

نیکی خواہان والا تبار و ہمدردان فیض آثار کو یہ معلوم ہونا چاہیے کہ مابدولت شیروانی اس وقت تک زیب تن نہیں فرماتے جب تک کہ اس کی شایان شان چوڑی دار پائجامہ عنایت نہ فرمایا جائے۔ شیروانی پہننے کے بعد آدمی کسی خیراتی مدرسے کا منشی بھی معلوم ہوتا ہے اور بسم اللہ کا دولہا بھی۔ ہم پہلے آدمی ہیں جو دوسری بات کو پسند کرتے ہیں اور پھر چوڑی دار پاجامہ میں چمپا والا کام ہو تو کیا کہنے۔ جو چوڑیاں نیچے گرتی ہیں وہ پہننے والے کو معیار کی بلندیوں تک پہنچاتی ہیں۔ ایسی شخصیت کو دیکھنے کے بعد حسرت موہانی کے اشعار یا اختر شیرانی کی نظمیں ذہن کے کسی نہ کسی گوشے میں کوند جاتی ہیں اور پھر لباس فاخرہ کی

یہ رعنائی اور اس کے ساتھ یہ معنی خیز پابر ہنگی، یہ تو سراسر ظلم کے مترادف ہے۔ جوتوں کے معاملے میں ہماری پسند اتنی اعلی و ارفع ہے کہ ایک حضرت جب ہمیں جوتے دلانے ہمیں جوتے کی دکان پر لے گئے اور ہم نے کچھ ایسے قیمتی جوتے پسند کئے کہ موصوف نے اسی دکان میں ہمیں تنہا چھوڑ دیا اور ہمیں خدا یاد آ گیا "فخلع نعلیک"۔ پھر ہم نے بار دیگر اپنے گھسے ہوئے جوتے پہن لئے لیکن یہاں معاملہ قدرے الگ ہے ہماری استاد ہمیں جوتے پہنا کر چھوڑیں گی اور ہم ایک معصوم بچے کی طرح آرٹس کالج کی بل کھاتی ہوئی سیڑھیوں پر شان سے چڑھیں گے اور آن بان سے اتریں گے۔ ہم تو اپنے جوتوں میں سیٹی تک لگا لینے کے شیدائی ہیں مگر کمبخت جوتے والے بڑی عمر کے جوان دل لوگوں کے لیے سیٹی والے جوتے نہیں بناتے۔ اگر سیٹی کے جوتے ہوتے تو کیا مزہ آتا پاؤں رکھتے ہی چوں۔ تیز چلیں تو چوں چوں، چوں چوں۔ دوڑنے لگو تو چچوں چچوں ایسا معلوم ہوتا کہ کوئی جاپانی گڑیا نیچے سے ہم کلام ہے۔ ہم یہاں معیاری جوتوں کے بارے میں ہرگز نہیں بتائیں گے' معیاری ٹوپی کی قیمت متاکر اس کا خمیازہ، انتظار کی صورت میں بھگت رہے ہیں ۔اب جوتے عطافرمانے والوں کی مرضی وہ جہاں سے چاہے جوتے عطا فروائیں۔ خواہ وہ ہمیں ہالی وڈ سے جوتے دلائیں یا ووڈ لینڈ سے' شو ورلڈ سے دلائیں یا شو لینڈ سے۔ البتہ اتنا ضرور یاد رکھیں کہ آدمی کی اوقات اس کے اپنے جوتوں سے معلوم ہوتی ہے۔ بزرگوں نے ارشاد فرمایا ہے کہ کپڑے دو دینار کے ہوں تو ہوں لیکن جوتے چالیس دینار کے ہونے چاہئیں۔ ہم تو بعض ایسی دکانوں سے بھی واقف ہیں جہاں جوتوں کے ساتھ موزے مفت ملا کرتے ہیں۔ کرم فرمانے والے جب اتنا کچھ کرم فرما رہے ہیں تو بندہ کمترین عرض کناں ہے کہ ایک عدد سرخ دستی بھی اپنی فراخ دستی کے ثبوت میں عنایت فرمائیں تو عنایتوں کا عنقریب تتمہ ہوگا اور بندہ حقیر سراپا تقصیر از لب ملور تا لب گور والا تبار کے اہل و عیال، آل و اولاد کے حق میں دعا گو رہے گا۔

یہیں تو ہم نے جنم لیا تھا

حیدرآباد فرخندہ بنیاد میں یوں تو بے شمار دواخانے شفاخانے اور زچگی خانے ہیں لیکن شہر حیدرآباد میں انگلستان کی ملکہ وکٹوریہ کے نام پر جو زچگی خانہ غریب، معصوم اور بے یار و مددگار خواتین کی مسلسل خدمات انجام دے رہا ہے وہ اپنی مثال آپ ہے۔ اس زچگی خانے میں ملک کی نام ور ہستیوں نے جنم لیا ہے۔ ہم کسی اور کے بارے میں کہیں یا نہ کہیں اپنے بارے میں ضرور کہیں گے کہ ہم نے اپنی زندگی کی پہلی چیخ یہیں رسید فرمائی تھی۔ اور اس کی بازگشت کے طور پر اپنی بارہ اولادوں کی مدھر اور من موہ چیخیں اسی بارونق فضا میں مسلسل سماعت فرمائی ہیں۔ چنانچہ آج جب بھی ہم اس دواخانے کو جاتے ہیں ہمیں اپنی پیدائش کے علاوہ اپنی تمام اولادوں اور پھر ان کی اولادوں کی پیدائش کی یادیں ہمیں مسرور کرتی ہیں اور ہم اپنی بوسیدہ شیروانی کے بٹنوں کو کھول کر "ملکہ وکٹوریہ میٹرنٹی ہاسپٹل زندہ باد" کے نعرے لگاتے ہیں۔

ہمیں سرکاری زچگی خانے اس لیے بھی بہت پسند ہیں کہ یہاں غیر ضروری طور پر "پیٹوں کو چاک" نہیں کیا جاتا اور نہ پیٹوں کو چاک کر کے ہزاروں کی من چاہی رقم کی رسید چاک کی جاتی ہے۔ خانگی زچگی خانے تو "مردہ خانوں" سے بدتر ہوتے ہیں، جہاں زندوں پر اتنا معاشی بوجھ ڈالا جاتا ہے کہ وہ اپنے آپ کو مردہ تصور کرنے لگتے ہیں۔ یہاں انسان نما جانور اپنے لالچی سینگوں سے خواتین کے پیٹ چاک کرتے ہیں اور اتنا بل بناتے ہیں کہ سینوں سے دل ابل پڑیں اور پھر اس کے نتیجے کے طور پر ان چاکیدہ شکم خواتین کے مرد اپنے گریبان چاک کر لیتے ہیں اور میر تقی میر کا یہ شعر پڑھنے لگتے ہیں

اب کے جنوں میں فاصلہ شاید نہ کچھ رہے
دامن کے چاک اور گریبان کے چاک میں

ان نا انسان، بے حس اور بے مروت لوگوں کو اپنے حلوے مانڈے سے کام ہوتا ہے۔ جنم کے کرب سے گزرنے والی خواتین کی آہ و فریاد ان پر کوئی اثر نہیں کرتی۔ ان اسپتالوں میں ''بڑے آپریشن'' کا معاملہ ہر حاملہ کے لیے ضروری ہوتا ہے، جو آپریشن کے عمل کے بغیر گزر جاتی ہے وہ صاحب نصیب ماں ہوتی ہے۔ بڑے بڑے آپریشنوں سے دو بڑے بڑے فائدے ہوتے ہیں۔ تجوری بھرتی ہے۔ آبادی نہیں بڑھتی۔

۔۔۔تو ہم ذکر کر رہے تھے۔ ملکہ وکٹوریہ زچگی خانے کا۔ اتنا بڑا، عریض اور پر فضا زچگی خانہ کہیں اور شاید ہی ہوگا۔ اطراف واکناف کا ماحول بھی اتنا روح پرور ہے کہ اس دواخانے تک پہنچنے والی راہیں مدام استوار رہتی ہیں۔ یہ اس دور کی بات ہے جب موسی ندی میں صاف وشفاف پانی بہا کرتا تھا۔ اب تو خیر سے اس میں گندگی بہتی ہے یا کبھی کبھی لاشیں۔ جب ہم اپنی دونوں منکوحات کو یہاں لایا کرتے تھے اور وہ یکے بعد دیگرے اپنی گودوں میں اپنی محبت کے نتائج لیے خوشی خوشی گھر واپس لوٹتی تھیں۔ وہ انگریزوں کے زمانے کے قریب کا زمانہ تھا۔ ڈاکٹر س وفا شعار، نرسیں تیمار دار اور دایہ لوگ ہمدرد ہوا کرتی تھیں۔ اس دور میں ہماری بیگمات سے کوئی یہ نہیں پوچھتا تھا کہ ''اب تک کتنے ہوئے ہیں''؟ وہ سمجھتے تھے کہ پیدا ہونے والوں میں کوئی گاندھی، کوئی نہرو، کوئی آزاد بھی ہوسکتا ہے۔ اب یہ خیال ہو چلا ہے کہ پتہ نہیں یہ پیدا ہونے والا دہشت گرد یا آتنک وادی تو نہیں ہوگا۔ کہیں یہ معصوم صورت، معصوموں کی جان لینے کا بیڑا نہ اٹھا لے۔ اف دور کس قدر بدل گیا ہے۔ اب اس تبدیلی میں کس کا ہاتھ ہے خدا ہی بہتر جانے۔ ہمارا تو ہرگز نہیں ہے۔ دنیا جانتی ہے کہ جو ہاتھ مزدوری کرتے ہیں وہ بم اندازی نہیں کرتے۔ خیر ہم انسانوں کی پیدائش کا ذکر کر رہے تھے، یہ انسانوں کی موت کے اسباب پر کیوں آ پڑے۔ غرض وہ دور خوش حالی کا دور تھا۔ ہماری بیگمات خود ہی دھڑلے سے بتادیا کرتی تھیں کہ ''گود میں آٹھواں اور پیٹ میں نواں ہے''۔ یہ سن کر غیر متعلق اشخاص کے پیٹ میں درد نہیں ہوا کرتا تھا۔ نہ اس دور میں ہماری بیگمات کو درس خاندانی منصوبہ بندی دیا جاتا تھا کہ ''اماں اپنے اوپر ذرا رحم فرماؤ'' اور نہ ڈاکٹر ہی بال بچوں سے چڑھا کرتے تھے۔ اولاد کو خدا کی دین بلکہ رزق کا سبب سمجھا جاتا تھا۔ عورتوں کو یہ خوب معلوم تھا کہ جس عورت کے لیے ایک مرد نے ''تاج محل'' بنایا ہے وہ سولہ بچوں کی ماں تھی۔ بزرگ خواتین، نو بیاہتا لڑکیوں کو دعا دیا

کرتی تھیں کہ خدا تمھاری گود ہری رکھے۔ دودھوں نہاؤ پوتوں پھلو۔ اور اس دور میں لڑکیاں یہ سنکر ناک بھوں نہیں چڑھایا کرتی تھیں۔ اور نہ انھیں اس دعا کے طفیل اپنے فیگر کے برباد ہونے کا خدشہ لگا رہتا تھا۔ چونکہ وکٹوریہ ہمارا آنا جانا رہتا تھا اس لیے دایہ لوگ نہ صرف ہماری بیویوں کو بلکہ ہمیں بھی خوب پہچانتی تھیں۔ پرانا آدمی ہے۔ آزادی سے پہلے کی پیداوار۔ بلکہ بعض نرسوں کو تو یہ بھی معلوم رہتا تھا کہ ہماری کس بیوی کے گود میں کونسا نمبر اور پیٹ میں کونسا نمبر ہے۔ اور ہم بھی کوئی تنگ دل مکھی چوس قسم کے آدمی نہ تھے۔ جب اپنے نوزائدہ اور نوزائدہ کی ماں کو لے کر بہ عافیت جانے لگتے تو انعام کے طور پر دایہ لوگ کو خوش کردیا کرتے تھے۔ اس دور میں دایہ انعام پا کر "دل" سے خوش ہو جایا کرتی تھی۔ اور امید کرتی تھی کہ بی بی پھر امید سے رہیں۔ اور پھر دوسرے سال دوسرے موسم کی بہاروں میں کھلتے ہوئے غنچے پر مسکراہٹوں کا پیغام لے کمل کھلانے کی تمہید باندھ لیا کرتے اور یہ سلسلہ عشق و مآل عشق راستوں کو منزلوں سے بدلتا رہتا۔

آج دور بدل گیا ہے۔ ملک آزاد ہو گیا، ہم تو ہمات و تحدیدات میں گرفتار ہو گئے۔ دامن تو کل ہمارے ہاتھ سے جاتا رہا۔ ہم حکیم و دانا خدا کی سننے کی بجائے احمق و نادان ڈاکٹروں اور لالچی لیڈروں کی سننے پر آمادہ ہو گئے ہیں۔ مالک دو جہاں ایک کہتا ہے اور ہم کرتے ایک ہیں۔ خدا آسمان سے آواز دیتا ہے کہ لا تقتلوا اولادکم من خشیت املاق اور ہم زمین سے نعرہ لگاتے ہیں ہم دو اور ہمارا صرف ایک۔ عقلمندوں کو جاننا چاہیے کہ وحدہ لاشریک خدا کے لیے ہے، اولاد کے لیے نہیں۔

آج جب ہم وکٹوریہ میٹرنٹی ہاسپٹل کو دیکھتے ہیں تو معلوم ہوتا ہے کہ وہ اقدار کہن گیتوں کی نغمگی کی طرح مفقود ہو گیے ہیں۔ وکٹوریہ وہی ہے لیکن آب و ہوا تبدیل ہو گئی ہے۔ عمارت وہی ہے قدریں بدل گئی ہیں۔ آج جب ہم اپنی بہو بیٹیوں کے ساتھ جاتے ہیں تو سوچنا پڑتا ہے کہ کیا یہ وہی زچگی خانہ ہے جہاں ملک کے عظیم لوگوں نے جنم لیا تھا۔ آج یہاں ہر سمت و ہر جہت سے گندگی، بدبو اور ناگفتہ بہ سوالیہ نشانات ابھرتے ہیں۔ ڈاکٹرس ہیں، تو بے دل ہیں۔ نرسیں ہیں تو بے روح ہیں۔ دایہ لوگ ہیں تو بے ایمان ہیں۔ اور مجبور و غمزدہ خواتین ہیں کہ اپنے پیٹوں میں مردوں کے نفسوں کا بوجھ لیے گالیاں اور

جھڑکیاں کھا رہی ہیں۔طویل طویل قطاروں میں کھڑی ہوئی ''انتظار حیات'' کھینچ رہی ہیں۔نہ پینے کے لیے صاف پانی ہے نہ بیٹھنے کے لیے ٹھنڈی چھاؤں۔نہ راحت کی گھڑی ہے نہ آرام کا ٹھکانہ۔کوئی سیدھے منہ بات کرنے والا نہیں۔جو ملازم ہے اس پر گالی دینا لازم ہے۔مجبور ہندوستانی خواتین،مظلوم بھارتی عورتیں ان ملازموں کی آوارہ مزاج گالیوں اور بے راہ جھڑکیوں کو برداشت کرتی ہوئی،آزادی کے پرچم تلے سانس لینے کی مشق کر رہی ہیں۔اپنی تقدیر کو کوستی ہوئی نالائق اولاد کو جنم کے لیئے طویل کرب و کراہت سے گزرتی ہیں۔جس زچگی خانے میں پینے کے لیے صاف پانی میسر نہ ہو وہاں کمزور اور لاچار پردیسی مسافر عورتوں کو ''دودھ'' کہاں ملے گا۔اور کون دے گا۔دودھ لیڈرس پیتے ہیں یا سیاست دان۔دولت مند پیتے ہیں یا مرفع الحال،ویسے اگر لوگ دودھ ہی پر اکتفا کرلیں تو خوب ہے ورنہ سننے میں تو یہ آتا ہے کہ بعض لوگ تو دھرمیندر کی طرح دشمنوں کا خون پی لیا کرتے ہیں۔یہ مفلوک الحال اور مسافر خواتین سوچتی ہیں کہ اگر ان کے گھر والے بھی دو نمبر کا کاروبار کرتے تو وہ بھی مرفع الحال ہوتیں اور ان ''چڑیلوں'' کے ہتے چڑھ کر اپنی خاندانی آبرو نہ گنواتیں ۔صاف اور ستھرے بستر پر،عود اور لوبان سے معطر فضاؤں میں اپنے لخت جگر کو جنم دیتیں۔

خدا کی پناہ۔فی زمانہ ملکہ وکٹوریہ زچگی خانے میں شیاطین ملازمین کی گندی اور مکروہ زبانوں سے کچھ ایسے کلمات سننے کو ملتے ہیں کہ جنھیں سن کر مجبور اور لاچار خواتین اپنا کلیجہ مسوس کر رہ جاتیں ہیں۔منزلوں کی امید لیے ہوئے نو وارد پھولوں سے خاردار گفتگو کی جاتی ہے اور راستوں کے لوٹنے ہوئے کیف و تعیش کے طعنے دیے جاتے ہیں۔ان ملازمین کا خیال ہے کہ عوام عیش و نشاط کی بزم سجاتے ہیں اور لیبر روم کی زحمتیں ان کے حصے میں آتی ہیں۔حالانکہ یہ وہی لوگ ہیں جو اپنی ملازمت کے پہلے دن ''حلف'' لیتے ہیں کہ ہم تا دم حیات عوامی خدمات کو پیش نظر رکھیں گے۔جب لوگ خدا کا کلام ہاتھ میں لے کر جھوٹی قسمیں کھاتے ہیں تو ڈگری ہاتھ میں لے کر انھیں غلط بیانی سے انھیں روکنے والا کون ہے۔مزید براں لفظ و بیان کی وہ برہنگی کہ حیدرآباد کی روایتی شرم و حیا اپنا گریبان چاک کرتی نظر آتی ہے۔ان کلمات کو سنکر شرفاء کو شب زفاف کی تمہیدات سے استقرار حمل تک کی تمام گرم و سرد کیفیات یاد آجاتی ہیں،اور وہ سوچنے لگتے ہیں کہ وہ انگریزوں کے دور میں زیادہ باآبرو تھے یا اپنے عہد میں زیادہ باعزت ہیں۔

اب ان جاہل ملازمین کو کون درس اخلاق دے۔ کون تہذیب کا پاٹھ پڑھائے۔ یہ لوگ انسان ہی نہیں نرے جانور ہیں اور جانور سے انسانیت کی امید ایک بے جا مطالبہ ہے۔ اب رشوت اگر یہاں نہ ہو گی تو کہاں ہوگی۔ بے ایمانی کا راج اگر یہاں نہ ہوگا تو کہاں ہوگا۔ ظلم و زیادتی کی ہوا اگر یہاں نہ چلے گی تو پھر کہاں چلے گی، چنانچہ جنم دینے والی ماں کو جب دواخانے سے دھتکار دیا جاتا ہے تو وہ مجبور و بے کس عورت دواخانے سے ذرا دور ہٹ کر سڑک کے کنارے اپنے لخت جگر کو جنم دیتی ہے۔ رات کی سیاہی اور تنہائی میں جب کوئی معصوم پہلی چیخ مارتا ہے تو اطراف و اکناف کے آوارہ گرد کتوں کے کان کھڑے ہو جاتے ہیں کہ شائد یہ پیٹ سے برآمد ہونے والا ''انسانی بچہ'' ان کے پیٹ کی آگ بجھا سکے۔ کتوں کا سوچنا بھی بجا ہے۔ جب اس دیش میں انسانی بچوں کو اغوا کر کے انسان اپنا پیٹ پالنے کی مذموم کوشش کرتا ہے اور تاوان ادا نہ کرنے پر ان معصوموں کے پیٹوں کو چاک کر دیا جاتا ہے۔ کتے اگر اپنی بھوک مٹانے ان کے پیٹ چاک کر رہے ہیں تو یہ دردناک منظر اس لیے کم دردناک ہے کہ کتا انسان نہیں بہر حال درندہ ہے۔

حکومت کی نرم گدیوں پر بہ صد آرام براجمان لوگوں کو یا پھر دولت کی مستی میں چور دولتمندوں کو کیا معلوم کہ سرکاری زچگی خانوں میں معصوم عورتوں پر کیا گزر رہی ہے۔ بدسلوکی کی یہ معراج نہیں تو کیا ہے کہ جن خواتین کو بار شکم سے دو قدم چلنا دوبھر ہو، انہیں ان دواخانوں میں کس بے دردی سے غلیظے دیے جاتے ہیں۔ کتوں کی طرح انہیں دھتکارا جاتا ہے۔ بھکاریوں سے بدتر ان کی حالت ہے۔ لوگ ان پر اس لیے رحم نہیں کرتے کہ ان کے خاوندوں نے ان پر رحم نہیں کیا۔ ان کی مانگوں میں افشاں بکھیر کر انہیں ظالموں کے رحم و کرم پر چھوڑ دیا۔ گویا وہ ہیں اور ان کی نو ماہ کی طویل صعوبتیں۔ باپوں نے تو گل کھلایا مائیں رتوں کو جھیلیں گی۔ ماں، ماں ہوتی ہے ہندوستانی یا پاکستانی نہیں ہوتی۔ ابھی ممتا نے سرحدوں کے تعینات سے پردے نہیں سرکائے ہیں۔ استقرار حمل سے استبرار شرتک کے کرب انگیز موسموں کو برداشت کرتی ہوئی وہ دردزہ کے آفاقی رنج کو سہتی ہے۔ یہی تو وہ زحمت ہے جسے سہتے ہوئے کنواری مریم نے بھی کہا تھا ''یلیتنی مت قبل ھذا و کنت نسیا منسیا'' ان تکلیفات کو جھیلنے والی صرف ماں ہو

تی ہے۔باپ اس میں شریک نہیں ہوتا۔چنانچہ وحی غیر متلو کے الفاظ ہیں کہ "الجنہ تحت اقدام الامہات"

کبھی کبھی ہم یہ ضرور سوچتے ہیں کہ ہم انگریزوں کے عہد میں زیادہ عزت دار تھے یا آج ہیں۔ اس دور نامسعود میں ایسی بدنظمی ہرگز نہیں تھی۔آزادی کے بعد ہم نے منزل پالی راستے کھودیے۔عین ممکن ہے کہ تاریخ پھر اپنے آپ کو دہرالے۔عوام کو ٹھنڈی چھاؤں سے مطلب ہوتا ہے۔انھیں اس سے مطلب نہیں ہوتا کہ یہ ٹھنڈی چھاؤں برگد سے آرہی ہے یا نیم سے۔ایک دور وہ بھی تھا کہ ایک بدوی مسافر کی بیوی دردزہ میں مبتلا ہے اور اس کا شوہر کرب ابتلا میں،اور امیر المومنین کی ملکہ اپنی خدمات پیش کرتی ہیں اور رات دیر گئے تک خود امیر المومنین اپنے پریشان حال بھائی کی دلجوئی کیا کرتے ہیں۔اور جب بچہ جنم لیتا ہے تو سرکاری خزانے سے اس کا روزینہ مقرر کیا جاتا ہے۔ایک دور یہ بھی ہے کہ "ماں" کو نہ ڈبل روٹی ملتی ہے نہ بچے کو چھٹانک دودھ۔سڑک کے کنارے انجان و نامہربان فضاؤں میں جنم دینے والی ماں کو یہ مراعات نہ اسمبلی سے مل سکتی ہیں نہ پارلمنٹ سے۔لیکن اس کے باوجود ہم ترنگے کے نیچے کھڑے ہو کر اقبال کا یہ تسلی آمیز مصرع ضرور پڑھتے ہیں۔

سارے جہاں سے اچھا ہندوستاں ہمارا

چار بوڑھے چاروں جوان

لڑکپن کا زمانہ بھی عجیب زمانہ ہوتا ہے، عمر دورا ہے پر کھڑی ہوتی ہے اور ادھر کی منزلوں سے بچپن جاتا رہتا ہے تو ادھر کی منزلوں سے جوانی آتی رہتی ہے۔ ظاہر ہے کہ جو جا رہا ہے اس سے ہمیں دلچسپی کیوں ہونے لگی البتہ جو آ رہی ہے اس سے نہ صرف ہمیں بے پناہ دلچسپی تھی بلکہ جوانی کی آمد آمد نے تو ہمارے ہوش ہی اڑا دیئے تھے۔ فضائیں رنگین اور ہوائیں مخمور تھیں، ہر چیز میں حسن ہی حسن دکھائی دیتا تھا اور حسن و جمال نے تو گویا ہمیں اپنا متوالا بنا دیا تھا۔ آنکھ اٹھتی تو سیدھے حسینوں، نازنینوں اور مہ جبینوں جیسی چیزوں پر ہی جا ٹکتی۔ ایسا معلوم ہوتا کہ اس کائنات میں سوائے دوشیزگان خوش ادا کے اور کچھ لائق دید شے ہے ہی نہیں۔ حالانکہ اب یہ احساس ضرور ہو رہا ہے کہ حسینان عالم سے زیادہ حسین چیزیں بھی اس کائنات میں اپنی جانب ہمیں متوجہ کر رہی ہیں لیکن زمانہ لڑکپن میں یہ کہاں سوچا جا سکتا تھا۔ عنفوان شباب صرف دیدار لب و رخسار اور حصول قد و گیسو ہی کا متقاضی ہوتا ہے۔ دنیا کی کسی دوسری چیز سے اسے سروکار ہی نہیں ہوتا۔ اس پر قیامت ڈھاتی ہوئی پردہ سیمیں پر بے پردہ حسین اداکارائیں کہ جن کی ادا و ناز پر ہم ہزار جان سے قربان ہو جایا کرتے تھے۔

سنیما بینی سے دو فائیدے ضرور ہوئے، ایک گفتگو کا سلیقہ آ گیا دوسرے جستجو کا قرینہ آ گیا۔ ہمارا عقیدہ ہے کہ دیانت داری احسان کے اظہار میں بھی پوشیدہ ہے۔ چونکہ ہمارے مزاج میں مزاح کے جراثیم ہماری پیدائش سے ودیعت ہیں اس لیے ''ملفوف لطیفوں'' سے لطف اندوزی ہمارا مقدر بن چکی تھی۔ ہم سنیما دیکھتے ہوئے ان باتوں سے بھی بڑی حد تک لطف اندوز ہوتے جو ہدایت کار کے ذہن و فکر میں ہوا کرتی تھیں۔ یہ باتیں ''بین السطور'' جیسی چیز ہوتی ہے، دکھائی تو نہیں دیتی لیکن اپنے

اندر بلا کا سامان تلطف رکھتی ہیں۔آنکھ وا ہو تو منظر ہی سے لطف اندوزی ممکن نہیں، پس منظر بھی لطف سے خالی نہیں ہوتا۔اور بعض وقت تو پس منظر ہی کی نمائش کے لیے منظر پیش کیا جاتا ہے۔جیسے مستورات گل ابدان کے وجود کا واحد مقصد اس سے زیادہ کیا ہے کہ ان درختان نو بہاران و نو نہالان گل عذاران کی شاخہائے لطافت و نزاکت کلیوں کے تبسمات اور غنچوں کی طلسمات سے مزین ہوں اور باغبان وفا شعاران زبان حال سے یہ ارشاد فرمائیں کہ چشم ما روشن دل ما شاد۔درحقیقت اس منظر کا مقصد حقیقی اور با الفاظ دیگر اس منظر کا پس منظر ہی کچھ ہے۔بہر حال قدرت کا یہ منظر بھی خوب اور اس کا پس منظر بھی خوب ہے۔پس منظر ہی منظر کی اصل اور بنیاد ہوتا ہے جو آنکھ منظر میں الجھ جایا کرتی ہے وہ پس منظر کے لعل و جواہر کو اپنے دامن میں سمیٹ نہیں سکتی۔اب یہ نظر کا کھیل ہے جو نظر سر پردہ پر ٹنگ گئی سو ٹنگ گئی اور جو منظر کو چیر کر روح منظر تک جا پہنچی تو یہ اپنا اپنا نصیب ہے۔چنانچہ ہم پھول ہی کو نہیں دیکھتے، پھول میں پوشیدہ نزاکت اور نزاکت میں پوشیدہ دست قدرت کی رعنائیوں کو بھی دیکھ لیتے ہیں۔ہم صرف کانٹے ہی کو نہیں دیکھتے کانٹے میں چھپی مقرو طی لطافت کو بھی دیکھ لیتے ہیں بلکہ اس لطافت میں مخفی قدرت کی حکمت کو بھی دیکھ لیتے ہیں۔شائد اقبال نے کچھ ایسے ہی موقع پر یہ مایہ ناز مصرع ارشاد فرمایا تھا۔

جو شے کی حقیقت کو نہ سمجھے وہ نظر کیا

آج کی بات اور ہے، چاہنے والوں نے کچھ ایسا چھلکے ہی چھلکے چاہنے پر اکتفا کر لیا ہے کہ ہدایت کار اگر ''مغز'' دینا بھی چاہے تو کوئی دامن ناظر وا نظر نہیں آتا۔آج اسی لیے سینما بینی محض ''پست خواہی و پوست خوری'' ہو کر رہ گئی ہے۔مغز کے جویا نظر ہی نہیں آتے۔اقدار عالیہ کی پیش کشی فلموں سے گدھے کے سینگ کی طرح غایب ہو گئی ہے۔ظاہر ہے کہ جب لوگ محض چھلکوں پر اکتفا کرتے نظر آئیں گے تو وہ عقلا کے ہاں کس فہرست میں نظر آئیں گے یہ ہمارے قاری خوب جانتے ہیں۔

ایک دور وہ بھی تھا کہ سینما بینی سے اخلاق خراب نہیں ہوا کرتے تھے بلکہ کردار میں پختگی پیدا ہوا کرتی تھی۔اگر ہم یہ کہیں تو ہرگز مبالغہ نہ ہوگا کہ اگر ہم نے سینما بینی اختیار نہ کی ہوتی تو ہمارے اخلاق واقعتا خراب ہی رہتے۔سچائی، محبت، مروت، جفاکشی، وفا کیشی، وعدہ وفائی، قربانی و ایثار، دیانت داری اور اس کے بیش قیمت نتائج جیسی قدریں ہم نے فلموں سے بھی حاصل کی ہیں۔ویسے حکمت و دانائی تو ہماری

میراث ہے جہاں سے چاہیں گے اٹھالیں گے۔ جو سنیما بینی کو کوستے ہیں، ان بے چاروں نے چھری سے محض قتل ہوتے دیکھا ہے تربوز کٹتے نہیں دیکھا۔

چنانچہ ہم اپنے اس مضمون میں اپنے وقتوں کے ان چار بوڑھوں کا ذکر کریں گے جو دراصل بوڑھے نہ تھے لیکن فلموں میں کچھ دیر کے لیے ضعیفی کی اداکاری دکھا کر ایک دنیا کو مسرور بلکہ مسحور کر گئے۔ ان چار بوڑھوں کے نام یہ ہیں۔(۱) دلیپ کمار (۲) راجکپور (۳) دیوآنند (۴) اور راجیندر کمار۔ اور ان کی فلموں کے نام تھے (۱) آزاد (۲) دل ہی تو ہے (۳) پینگ گیسٹ (۴) اور آرزو۔ ان فلموں میں مینا کماری، سادھنا اور نوتن نے ہیروئین کا رول نبھایا تھا۔ چنانچہ ان ہیروز میں سے اب تو دو واقعتاً بوڑھے ہو چکے ہیں کہ ماشاء اللہ اسی کے اوپر ان کی عمریں ہو چکی ہیں، یعنی دلیپ کمار اور دیوآنند اور باقی دو ہیروز یعنی راج کپور اور راجندر کمار نے اپنی ضعیفی سے اپنے چاہنے والوں کو مایوس کیے بغیر اس دار فانی سے کوچ کر گئے۔ ہم یہاں ان چاروں بزرگ اداکاروں کی بڑھاپے کی اداوکاری پر گفتگو کریں گے جو اس دور کے اذہان پر اپنے ان مٹ نقوش چھوڑے تھے۔ تو ہم بسم اللہ کرتے ہیں یوسف خان کی شہرت یافتہ فلم آزاد سے۔ جس میں انہوں نے ایک بوڑھے نواب کا کردار ادا کیا تھا۔ دلیپ کمار کی اداکارانہ صلاحیت پر اتنا کچھ لکھا جا چکا ہے کہ اب کچھ اور لکھنا تحصیل حاصل ہے لیکن یہاں ہم اتنا ضرور اضافہ کریں گے کہ موصوف نے اداکاری کو اس حد تک اپنا اوڑھنا بچھونا بنا لیا کہ خود موصوف کی زندگی بھی ایک ''ادا'' بن کر رہ گئی ہے۔ جو اداکاری وہ پردے پر کرتے ہیں وہی لاشعوری طور پر ان کی اپنی زندگی میں در آئی ہے اور اب دلیپ کمار کو یوسف خان سے علاحدہ نہیں کیا جا سکتا۔ دوسرے اداکاروں کو یہ سعادت کہاں نصیب۔ تو دلیپ کمار نے فلم آزاد میں ایک داڑھی والے نواب صاحب کا رول ادا کیا تھا۔ پولیس سے بچنے کے لیے وہ یہ روپ دھارتے ہیں اور اپنے مزاحیہ انداز سے ناظرین کو مسرور کرتے ہیں۔ یہ بات تو طے ہے کہ ان چار فلموں کے چاروں اداکاروں نے جو ضعیف اور صاحب ریش افراد کے کردار نبھائے تھے وہ مسلم کردار تھے۔ پتہ نہیں فلم والوں کو یہ خبط کیوں سوار ہے کہ جب کسی کو بوڑھا بنانا ہوتا ہے تو اسے مسلمان بنا دیتے ہیں۔ کہیں وہ یہ تو نہیں سمجھتے کہ مسلمان خواہ کتنا ہی بوڑھا کیوں نہ ہو جائے اندر سے جوان ہی رہتا ہے۔ اور یوں بھی مسلمان بوڑھوں نے جو ضعیفی میں جوانی کا ثبوت دیا ہے اور شادیاں رچانے کا ریکارڈ قائم کیا ہے وہ

دوسروں کے حصے میں کچھ کم ہی آیا ہے۔ اور پھر چار چار شادیاں کرنے کا مسرور کن رواج بھی تو خوش نصیبی سے صرف مسلمانوں ہی میں پایا جاتا ہے۔ اب دلیپ کمار ہی کو لیجیے ان کے سامنے "بچے" بوڑھے ہو گئے لیکن حضرت ہیں کہ ہنوز جوان ہیں۔ بالوں کا وہی اسٹائیل چالوں میں وہی بانکپن۔ باتوں میں وہی ادائیں اور اداؤں میں وہی رعنائیاں۔ تو خیر اس رول میں خرابی یہ تھی کہ دلیپ کمار نے آواز کو "ضعیفی" نہیں بخشی تھی۔ اور محض داڑھی سے ضعیفی کی نمائش ممکن نہیں۔ اور اس چیز کو درخور اعتنار کھا راجکپور نے اپنی مایہ ناز فلم "دل ہی تو ہے" کے مثالی کردار میں۔ استاد بڑے علی خان کا کردار جو جمیلہ یعنی نوتن کو گانا سکھانے آتے ہیں اور اپنی دل پھینک اداؤں سے بے چاری جمیلہ کو پریشان اور ہمیں مسرور کرتے ہیں۔ بڑے علی خان کی وہ طویل داڑھی، وہ ان کی جھکی ہوئی کمر، اداؤں میں ٹھہراؤ، کمر پران کا ضعیفی کے سبب ہاتھ رکھنا۔ معصوم اور قدرے احمقانہ گفتگو، آواز کا وہ چلبلا پن اور خاص کر "لاگا چندری میں داغ چھپاؤں کیسے" جیسے مسحور کن نغمہ کے وقت ان کے ناز نخرے اور پھر گیت "غصے میں جو نکھرا ہے اس حسن کا کیا کہنا" میں ان کا عالم ضعف میں نوجوانی کی عشق بازی کے چونچلے۔ اور گیت کے مکھڑوں کے مناسب احوال کا اظہار یہ سب باتیں اس حد پر پہنچ گئیں ہیں کہ اب اس منزل پر پہنچنا شائد نئی نسل کے لیے ممکن نہیں۔

تیسری فلم ہے "آرزو" جس میں راجندر کمار نے مختصر وقفے کے لیے ایک بوڑھے حکیم صاحب کا رول ادا کیا تھا۔ انہوں نے اپنی آواز میں ہلکے انداز سے ساتھ تھرتھراہٹ تو پیدا کر لی لیکن الگ پیرہن نہ دے سکے۔ اس لیے انہیں نمبر قدرے کم ملتے ہیں۔ فلم بین انہیں پہچان لیتے ہیں اس لئے نہ پہچانے جانے کی جو صفت پیدا کرنی مقصود تھی وہ مفقود ہو کر رہ گئی۔ لیکن اس کے باوجود راجندر کمار نے موٹے شیشوں کی عینک لگا کر "چھلکے تیری آنکھوں سے شراب اور زیادہ" کا جو معروف نغمہ پیش کیا ہے اس کا جواب نہیں۔ اور سادھنا کو دیکھ کر اپنی عینک کو اوپر نیچے کرنا اور احمقانہ انداز سے مسکرانا اور ایک عاشق زار چنچل بوڑھے کے انداز اختیار کرنا۔ غرض راجندر کمار نے جو ضعیف حکیم کا رول نبھایا ہے وہ ایک مثالی چیز بن کر رہ گئی ہے۔ دوستی اور ایثار کے عنوان پر راما نند ساگر نے ہندوستانیوں کو آرزو کے عنوان سے ایک انمول تحفہ دیا ہے۔

چوتھے نوجوان ہیں دیو آنند جو آج بھی قدرے جوان ہی نظر آتے ہیں۔ صرف گوشت پوست اور جذبات کی کمی ہے ورنہ ان میں وہی تیزی اور وہی پھرتی آج بھی نظر آتی ہے۔ ان کی عمر کے لوگوں کو

چلنا دوبھر ہے لیکن وہ دوڑتے بھاگتے نظر آتے ہیں۔ اگر جوانی میں آدمی اپنے کردار کو سنبھال رکھے تو شائد ضعیفی میں لڑکھڑانے کی نوبت نہیں آتی۔ ماشاءاللہ انہیں آج بھی دیکھ کر یہ محسوس نہیں ہوتا کہ ان کی عمر (۸۴) سال ہے۔ تو ان کی ایک فلم تھی ''پیئنگ گیسٹ'' جس میں انہیں نے ایک کرایہ دار بوڑھے کا کردار ادا کیا تھا۔ اس فلم میں وہ لکھنو کے ایک ضعیف مسلمان بن کر کرایہ کا مکان حاصل کرتے ہیں۔ وہ دراصل ایک وکیل ہیں اور نوتن یعنی شانتی کے عشق میں گرفتار ہیں۔ اس فلم میں ان کی خوبی یہ تھی کہ انہوں نے اپنی آواز کو بدلنے کے لئے اور اس میں ضعیفی کا رنگ بھرنے کے لئے اپنے منہ میں کانچ کی گولی ڈال کر ڈائیلاگ بولے ہیں۔ گویا ادھر انہیں نے منہ میں گولی ڈالی اور ادھر منہ سے جوانی نکل گئی۔ مستزاد ان کے دبلے پن نے اس رول میں جان ڈال دیا تھا۔ خاص کر ضعیفوں کا غیر متحمل انداز، بات بات پر خفا ہونا، شوخی اور چنچلتا کہ دیکھنے والے مبہوت رہ جائیں۔ نوتن نے گو جان بوجھ کر دھوکہ نہ کھایا ہو لیکن ناظرین جان بوجھ کر دھوکہ کھا جاتے ہیں۔ جب وہ اپنے آپ سے یعنی ہیرو سے لڑتے ہوئے یہ کہتے ہیں کہ ''کمبخت ابھی تجھے مزہ چکھاتا ہوں، سمجھ کیا رکھا ہے، استاد گاما کا چیلا ہوں۔'' تو دیوآنند کی اداکارانہ صلاحیتوں کو تسلیم نہ کرنا خود فن کی توہین کے مترادف قرار پاتی ہے۔ خدا سلامت رکھے کہ ان لوگوں نے اپنی اداؤں سے لوگوں کو خوش کردیا۔ ورنہ اب کہاں لوگ ایک دوسرے کو خوش کرتے ہیں۔ جس معاشرہ میں حسد اور عناد نے اپنا ڈیرہ ڈال رکھا ہو وہاں خوشیوں کی تقسیم لایعنی عمل ہو کر رہ جاتی ہے۔ لوگ صرف اپنی خوشی کے متلاشی ہیں وہ یہ بھول گئے ہیں کہ حقیقی خوشی دوسروں کو خوش کرنے ہی سے حاصل ہوتی ہے۔ لیکن اس کے باوجود دیوآنند ''دل ہی تو ہے'' کے چاند کو نہ شرما سکے کیوں کہ وہ آواز بدلنے کے لیے ''گولی'' کے محتاج رہے جب کہ راجکپور نے گولی کا سہارا لئے بغیر ہی فن کے میدان میں ''گول'' حاصل کیا ہے۔

ہم تو تیرے عاشق ہیں

سانچ کو آنچ نہیں کے مصداق اب ہم یہ کہے بغیر نہیں رہ سکتے کہ ہمیں محترمہ ماریہ شراپوا سے عشق ہو گیا ہے۔ ماریہ نے ہمارے دل دماغ بلکہ تمام ہی اعضائے رئیسہ وغیر غیر رئیسہ پر اپنے حسن و جمال کے شرارے برسا کر ہمیں گویا مار ہی دیا ہے۔ اف، یہ حسن یہ جمال، یہ رنگ، یہ پھرتی، یہ چستی، یہ مستی یہ قد اور یہ قد کی موزونیت آخر کون سی شے بچی ہے جس کے ہم والہ و شیدا نہ ہوئے ہوں۔ اور موصوفہ نے بچا کر رکھا بھی کیا ہے جس کے تیر و تفنگ نے ہمارا دل نازک گھائل نہ کیا ہو۔ خوبصورت، مدہوش کر دینے والی جھیل سے زیادہ گہری آنکھیں، ستواں اٹھی ہوئی ناک جو حریفوں کی تمام ناکوں کو نیچی کرنے کا بیڑا اٹھا رکھا ہے، اور اس طرح دشمنوں کے لیے وہ ناک ہی نہیں بلکہ خطرناک ثابت ہو رہی ہے۔ گلابی ہونٹ گویا میر کا پنکھڑیوں والا شعر سراپا تبسم ریز اور معنی خیز بن گیا ہو۔ چہرے کا وہ بانکپن کہ جسے دیکھ کر شائد ہی کوئی اپنے ہوش میں رہ سکے۔ زلفوں کی وہ بے ترتیبی جس نے ہماری شخصیت کو بے ترتیب سا کر دیا ہے۔ اور سب سے بڑھ کر وہ نگاہ غلط انداز کہ جس طرف اٹھے ایک محشر اٹھ کھڑا ہو۔ بس جس چیز کے ہاتھوں مجبور ہوئے ہیں اسے ہی دے بیٹھے تا کہ رہے بانس اور نہ بجے بانسری، لیکن یہ محبت کی بانسری بغیر بانس کے بجتی ہے۔ صبح ایک راگ ہے تو شام ایک راگ ہے، او ماریہ او ماریہ کہتے کہتے صبح ہوتی ہو تو او ماریہ او ماریہ کہتے کہتے شام۔ لوگ یہ سمجھ رہے ہیں کہ ہم ساگر کے گیت میں ڈوبے ہوئے ہیں۔ ماریہ دولت مند بھی ہے اور حسین بھی جوان بھی ہے اور غیر شادی شدہ بھی۔ ایسے ہم بھی کوئی معمولی آدمی نہیں لاکھوں میں ایک گنے جاتے ہیں

۔وہ شاہ حسن سہی شہر یار ہم بھی ہیں ۔اگر شہر یار نہ بھی ہوں دانشیار تو بہر حال ہیں ۔بحمد اللہ تعالی وجاہت ایسی پائی ہے کہ صاحبان نظر دوسری نظر ڈالے بغیر نہیں رہتے ۔صلاحیت ولیاقت کا وہ عالم ہے کہ خدا کے فضل سے برصغیر میں اپنا جواب نہیں رکھتے ۔صحت وتوانائی کا وہ عالم کہ شہنشاہ ہندوستان ،عالم پناہ ظہیر الدین بابر نور اللہ مرقدہ دو آدمیوں کو اپنی بغل میں لے کر دیوار پھلانگتے تھے،اور ہم دو آدمیوں کو اپنی بغل میں لیتے ہیں البتہ دیوار نہیں پھلانگتے ،ظل الہی کی آبرو کا خیال ہے۔آخر ہم اپنی شیخی کے لیے بابر کی آبرو داؤ پر تو نہیں لگا سکتے ۔اپنے بزرگوں کی عزت کرنا ہم نے اپنے بزرگوں سے سیکھا ہے۔ویسے اپنے مونھ آپ میاں مٹھو کوئی اچھی بات نہیں لیکن ہر سخن موقعہ و ہر نکتہ مقامے دارد کے مصداق بعض وقت اپنی تقریر سے اپنا تعارف کروانا پڑتا ہے ۔تاکہ لوگ غلط تعارف سے محفوظ رہیں ۔چنانچہ ہم شیر میسور ٹیپو سلطان کی طرح شیر کے منہ میں ہاتھ ڈال کر چیرنے کا ارادہ کر کے خاموش رہ جاتے ہیں ،اور اپنی بہادری کے جوہر نہیں دکھاتے ،کیوں کہ کھلونے والا اس نازیبا حرکت سے ہمیں باز رکھتا ہے۔اور ہم اپنی جرأت وشہامت کے محض ناشائستہ اظہار کے لیے کسی غریب کا نقصان کرنا بھی تو نہیں چاہتے ۔اب یہی دیکھیے اگر ہم شاعر نہ ہوتے تو کوئی ماہر گھوڑ سوار ہوتے ۔آج بھی ہم جب گھوڑے پر سواری کرتے ہیں تو اسے اس کے حال پر چھوڑ دیتے ہیں ،جب سے ہمیں آزادی ملی ہے ہر کسی کو اس کے حال پر چھوڑنے کی ہمیں گویا عادت سی پڑ گئی ہے۔خواہ وہ کوئی چال چلے ،چال چلے بھی یا نہ چلے ہمیں کوئی اعتراض نہیں ہوتا۔ہم سہرا باندھے ماندھے دولہے کی طرح اس پر خاموشی سے بیٹھے رہتے ہیں ۔جانوروں پر رحم کرنے کا ہم کو حکم دیا گیا ہے۔اپنی رفتار کے اظہار کے لیے غریب جانور کو پسینہ میں شرابور نہیں کر سکتے ۔غرض کون سی خوبی ہم میں نہیں جو ایک ادنی کھلاڑی کے کھو قرار نہ پائیں ۔یہ اور بات ہے کہ گردش شام وسحر کے سبب وقت سے پہلے ضعیف دکھائی دے رہے ہیں ۔اور یوں بھی آدمی کا دل جوان ہونا چاہیے دل اگر جوان ہے تو سمجھو یا دنیا جوان ہے۔حال ہی میں جب ہمارے دوست پرنس اعتبار شاہ نے اپنی مایہ ضعیفی کے باوجود ایک ہونہار دوشیزہ سے شادی فرمائی تو ہمارے جذبات کو بھی ایک مہمیز عطا ہوئی اور خواب غفلت میں سویا ہوا شباب یکلخت ضعف کا چولا جھٹک کر رومانی انگڑائیاں لینے لگا۔اور ہم نے اپنے طور پر اپنے ارادے کو مزید تقویت دے رکھی ہے۔اگر انسان نیک ارادہ بھی نہ کرے تو آخر کیا کرے۔

خدانخواستہ اگر ہم ناکام رہیں بھی تو اس میں افسوس و استعجاب کی کوئی بات ہی نہیں ہے۔ایسے دھوکے تو ہم اکثر کھا چکے ہیں۔خدا مغفرت فرمائے بہت سی حسینوں نے عالم عنفوان میں ہمارے دل کی نازکی کی پرواہ کیے بغیر اسے پامال کیا ہے۔عنفوان شباب شائد ہوتا ہی طلوع اس لیے ہے کہ دل دکھے اور جذبات مجروح ہوں۔ہم ان ہاتوں کے گویا لڑکپن ہی سے عادی ہیں۔لیکن کیا مجال جو ہمت ہاری ہو۔میدان عشق و عاشقی میں ہم اپنی ہونہاراور مسلسل شکستوں کے سبب ایک طرح کے تجربہ کار سے ہو گئے ہیں۔آدمی خواہ دنیا چھوڑ دے لیکن نیک ارادہ نہ چھوڑے۔ارادوں ارادوں میں ہم نے مرادوں کو پالیا ہے۔جب بھی ہم اپنے بچپن اور لڑکپن کو یاد کرتے ہیں ہمارے منصۂ احساس پر کئی ایک حسینوں ،نازنینوں اور مہ جبینوں کی تصویریں ابھرتی ہیں جنھوں نے ہمارے نکاح میں تشریف نہ لاکر ہمیں سلیقے سے ابھرنے کا موقعہ نہیں دیا۔ہم کسی کی بدنصیبی کو خوش نصیبی سے بدل کیسے سکتے ہیں۔ہمارا ایقان ہے کہ ہر تقدیر کاتب تقدیر کے ہاتھ میں ہوتی ہے۔آدمی اپنی خودی کو خواہ کتنا ہی کیوں نہ بلند کرلے اپنی تقدیر سے پہلے وہ اپنے خدا سے اپنی تقدیر کی بابت کوئی فرمائش نہیں کرسکتا۔کیوں کہ خدا سے فرمائش کرنے کے لیے آدمی کا پیدا ہونا ضروری ہوتا ہے اور ہر پیدا ہونے والا آدمی تقدیر کی تکمیل کے بعد ہی دنیا میں رونق افروز ہوتا ہے۔

اپنی شخصیت میں البتہ ایک کمی محسوس کرتے ہیں وہ یہ کہ ہم کھیلتے نہیں۔لیکن کوئی کھیل دیکھنے سے چوکتے بھی نہیں۔اب یہی دیکھیے ہمارا عشق معتبر بھی تو محض کھیل ہی کا مرہون منت ہے،ٹینس دیکھتے دیکھتے ٹینس کھیلنے والی سے عشق کر بیٹھے۔اب ہمارا عشق اپنے انجام کو پہنچے یا نہ پہنچے ہم تو اپنے انجام کو پہنچ گئے ہیں۔نہ کھاتے ہیں نہ پیتے ہیں رات دن ہم ہیں اور ہمارے ٹی۔وی پر محترمہ ماریہ شراپور کا کھیل۔ادھر اس نے شارٹ رسید کیا اور ہمیں گویا ایک شاک سا لگا اور بے ساختگی کے عالم میں ہم اچھل سے گئے۔ادھر اس نے bat چلایا،اور ہم نے ادھر bat کی طرح چلایا بلکہ شور مچایا۔ادھر محترمہ کے دہن اقدس سے شارٹ لگاتے لگاتے ایک چیخ برآمد ہوئی اور جواباً ہمارے حلق سے بے شمار چیخیں نکل گئیں۔اف لڑکی ہے یا بجلی چمک کر گرتی ہے اور گر کر چمکتی ہے۔جب کھیلتی ہے تو ایسا معلوم ہوتا ہے مانو باد سحر کے جھونکے شاخ گلاب کو جھولا دے رہے ہوں۔اور وہ اپنی مرضی کے بغیر تھرکتی ہوئی کبھی مشرق میں تو کبھی مغرب میں دکھائی دیتی

ہے۔گویا صورت خورشید ہے کہ ادھر ڈوبی ادھر نکلی اور ادھر ڈوبی ادھر نکلی۔حریف کا یہ عالم کہ چھکے چھوٹ رہے ہیں۔شراپوانے اسے شرمندگی کے پسینہ میں شرابور کر دیا ہے۔ہارنے کے تیقن نے حوصلے پست کر دیے۔ہاتھ پاؤں کی جان جاتی رہی۔ہاتھ پاؤں کی جان کیا گئی، سمجھو کھیل کی آن گئی۔ادھر فتح کے نشے سے سرشار ماریہ نے اپنے حریف کو شکست دے کر اپنی زلفوں کی لٹ کو سلجھایا اور ہم سوچنے لگے کہ آہ، ہماری گتھی کو کون سلجھائے گا۔

محبت کے دشمن ہمارے دوست مرزا عجیب الہیت بیگ غلط مشورہ دینے میں استاد ہیں ایک دن کہنے لگے، میاں اپنے آپ کو دیکھ کر ارادہ کیا کرو۔ہم نے کہا جناب ہم دوسروں کو دیکھ کر ہی لدادہ کرنے کے عادی ہیں۔ہم نے آج تک جتنے ارادے کیے ہیں وہ تمام کے تمام دوسروں ہی کے مرہون منت رہے ہیں۔ہم خود کو صوفی سمجھتے ہیں اور صوفی خود سے کوئی ارادہ نہیں کرتا۔لیکن مرزا کہاں ماننے والے تھے، تقریر بے جا جاری رکھی، ماریہ کا خیال چھوڑ دو قارون کی دولت اور قلوپطرہ کا حسن جب ایک شخصیت میں جمع ہو جاتا ہے تو وہ شخصیت ایک معما ہو جاتی ہے۔وہ حسین بھی ہے اور دولت مند بھی یعنی شراب دو آتشہ۔جو جگر کو جلا کر راکھ کر دیتی ہے۔کھیلنے والوں سے یہ عشق کا کھیل اچھا نہیں۔یہ لوگ اچھل اچھل کر لوگوں کے دلوں سے اور سنبھل سنبھل کر لوگوں کی زندگیوں سے کھیلتے ہیں۔یہ غریبوں کے ہاتھ نہیں لگتے بلکہ انہیں غریبوں اور غریبی دونوں سے نفرت ہے۔ان کے سینوں میں دل نہیں ہوتے۔ترشے ہوئے مرمریں یاقوت ہوتے ہیں، جو ہر جذبے سے عاری اور ہر احساس سے مبرا ہوتا ہے۔ہم نے جواب دیا کہ مرزا مایوسی کفر ہے۔دنیا امید پر قائم ہے بلکہ عشق بھی۔ہمیں ماریہ سے شادی کرنے سے کوئی روک نہیں سکتا بلکہ ہماری تینوں منکوحات بھی نہیں۔خدا نے جب اجازت مرحمت فرمائی ہے تو خدا کے بندوں کی کیا مجال کہ ہماری راہ میں باگا ڈالیں۔ہمارا عقیدہ ہے کہ خدا کے قانون میں جو قوتیں باگا ڈالتی ہیں وہ مثال بودا دھاگا وتی ہیں، جو ٹوٹنے کے لیے جنم لیتا ہے اور ٹوٹ کر ہی دم لیتا ہے۔اس سلسلہ میں ہم نے فتویٰ بھی لے رکھا ہے۔مفتی صاحب نے پروانہ اجازت مرحمت فرما دی ہے کہ ایک صاحب کتاب لڑکی سے ایک مسلمان مرد شادی کر سکتا ہے اس میں عیب یا عدم جواز کی کوئی گنجائش نہیں۔

خدارا کوئی یہ خیال نہ کرے کہ ہم نے اس کی بے پناہ دولت دیکھ کر دل دیا ہے۔ہم نے اس کی

بے پناہ دولت کو نہیں بلکہ بے پناہ حسن کو دیکھ کر دل دیا ہے۔ سچ تو یہ ہے کہ اس کی معصومیت نے ہم پر جادو سا کر دیا ہے۔ شادی کے بعد اگر وہ کھیلنے سے گریز نہ کرے تو ہمیں کوئی اعتراض بھی نہیں۔ ہم اپنی خاندانی حمیت اور دیرینہ شرافت سے گریز کر لیں گے۔ جب شہنشاہ جذبات کہلانی والی شخصیتوں نے اپنے جذبات کا گلا گھونٹ کر اپنی منکوحہ کو مدّت العمر پردہ کی زینت بنائے رکھا تھا تو ہم اگر ماریہ کو میدان کی زینت بنا رکھیں تو کہاں ہماری آبرو پر حرف آنے والا ہے۔ شادی کے بعد ہماری طرف سے پوری اجازت ہوگی کہ وہ جس قسم کا کھیل کھیلنا چاہے کھیلے سوائے محبت کے کھیل کے، کیوں کہ یہ بازی ہار کر جیتی اور جیت کر ہاری جاتی ہے۔ اس سلسلہ میں ہم ڈھیر ساری عجوبہ روزگار خواتین کے نام لے سکتے ہیں جنھوں نے پروفیشن نہیں چھوڑا اور ان

کے شوہروں نے انہیں نہیں چھوڑا۔ اگر محترمہ مارلن منرو کو یہ بات معلوم ہوتی تو وہ آسانی سے گھر بسا لیتیں اور خودکشی نہ فرماتیں۔ مرزا ہمیں ہندوستان کی حدوں میں رکھنے کے لیے ارشاد فرمایا کہ دنیا میں دوسری بھی تو کھلاڑیاں ہیں ہم نے کہا مرزا، غالب نے ایک شعر میں محبت کی گہرائی سمجھادی ہے

عشق پر زور نہیں ہے یہ وہ آتش غالب
کہ لگائے نہ لگے اور بجھائے نہ بنے

اور پھر آپ کو کس احمق نے کہہ دیا ہے کہ ہم پہلوانوں سے عشق فرمائیں گے۔ اور ہمیں ویٹ لفٹنگ کا شوق چرایا ہے۔ ہم بہاروں میں کھلتے ہوئے پھولوں کے شیدائی ہیں، شاخوں میں لدے پھلوں کے نہیں۔ دنیا خواہ کچھ ہی کیوں نہ کہہ لے ہم یہ بہ بانگ دہل ضرور کہیں گے کہ ہمارا آدھا معاملہ حل ہو گیا ہے کیوں کہ ہماری طرف سے بہر حال و بہر صورت ''ہاں'' ہے۔

مولانا حمید الدین عاقل حسامی
مواعظ اور مضحکات

اکیسویں صدی میں جب مورخ بیسویں صدی کی تاریخ لکھتے ہوئے سرزمین دکن کو سرنامہ علم و فضل بنائے گا، تو تین شخصیتوں پر اس کے لیے مفصل گفتگو ناگزیر ہوگی۔ ایک جامعہ عثمانیہ کے حوالے سے خود فرمانروائے دکن سلطان العلوم اعلیٰ حضرت میر عثمان علی خان بہادر نور اللہ مرقدہ، دوسرے جامعہ نظامیہ کے عنوان سے حضرت العلامہ فضیلت جنگ مولانا انوار اللہ شاہ فاروقی قدس سرہ العزیز اور تیسرے دارالعلوم حیدرآباد کے وسیلے سے امیر ملت اسلامیہ مولانا الحاج محمد حمید الدین عاقل حسامی دامت فیوضہم۔ تعلیم و تدریس کی ترویج و اشاعت میں یہ تین نام مانند کوکب درخشان و اختر ضوفشان ہیں اور تا حال اپنی تقریبًا نورانی سے گردون دکن کو منبع انوار و مسند اقبال بنا رکھا ہے کہ سارے ہندوستان میں حیدرآباد کو ان حوالوں سے جو فضیلت و امتیاز حاصل ہے وہ شائد ہی کسی اور شہر کو نصیب ہوگا۔ اگر یہ کہا جائے تو بے جا نہ ہو گا کہ میر عثمان علی خان فرمانروائے دکن اور مطلق العنان بادشاہ تھے اور اس بادشاہ کے خزانے تو گویا گنجینہ سلیمان تھے، اگر انہوں نے جامعہ عثمانیہ کی بنیاد رکھی تو اس میں بھی تعجب کی کوئی بات نہیں۔ فضیلت جنگ نے اگر جامعہ نظامیہ قائم کیا تو اس میں حیرت کی کوئی گنجائش نہیں کہ وہ بادشاہ کے استاد تھے اور استاد باپ داخل ہوتا ہے، اور لائق فرزند کی دولت گویا باپ ہی کی ملکیت قرار پاتی ہے۔ تعجب تو اس امر پر ہے کہ ایک فقیر منش آدمی نے جو مدتوں "رکشہ" میں سواری کی اور جسے دیکھنے والوں نے سیکل چلاتے ہوئے بھی دیکھا

ہے اور میر عالم منڈی میں دوکان تجارت سنبھالتے بھی۔ اس درویش کا ایسا کارنامہ انجام دینا ایک دنیا کو البتہ دریائے حیرت میں غوطہ زن کر دیتا ہے۔ یہ تو محض ایک مشتے از خروارے ہے ورنہ موصوف کے کارنامے اگر گنائے جائیں تو شاید ہمارا یہ مختصر سا مضمون جسے ہم نے ایک خاکے کی صورت دی ہے، لکھتے رقعہ لکھے گئے دفتر کے مصداق ایک ضخیم کتاب کی صورت اختیار کر جائے گا، جو شائد ہم جیسے ناصبور و ہیچ مدان جیسی شخصیت کے لیے مناسب نہیں۔ واقعہ یہ ہے کہ ہم ایک سہل گو، مہمل رقم اور ایک طنز و مزاح نگار ہیں اور زندگی کی اٹھتی بیٹھتی لہروں پر قصر تخیل تعمیر کرتے ہیں جو کچھ دیر تو قائم رہتا ہے پھر کاغذ کی ناؤ کی طرح اذہان وقلوب کے صفحات مضطرب سے محو ہو کر دریا برد ہو جاتا ہے۔ زاں بعد کسی کو یاد بھی نہیں رہتا کہ ہم نے لفظوں کی کس کیاری سے افکار کے کتنے پھول چنے تھے اور جملوں کے اس گھروندوں میں کتنے جگنو جگمگا رہے ہیں۔ یہ گفتگو محض ایک مجذوب کی تقریر ہے جس میں دو ایک نکتے ہوتے ضرور ہیں لیکن اس کے لیے اس کی ساری ''بڑ'' ملاحظہ کرنی پڑتی ہے۔

یادش بخیر یہ اس زمانے کی بات ہے جب ہم طالب علم تھے، یہ اور بات ہے کہ آج بھی طالب علم ہی ہیں اور بحمد اللہ تعالیٰ فارسی سے پی۔ ایچ۔ ڈی کر رہے ہیں۔ غرض وہ دور ماہر تعلیمات کے بقول ''ہیرو ورشپ ایج'' کا دور تھا۔ جو آنکھوں کو بھاتا تھا دل دے بیٹھتے تھے۔ گیری گیری پک سے شان کانری تک دلیپ کمار سے چارلی چپلن تک چاہے جانے والوں کی ایک طویل فہرست ہے کہ جو ذہن و دل سے آج تک چسپاں ہیں۔ وہ دور ہی عجیب تھا حال مجذوبیت کی عکاسی کرتا اور فکر سالک کے افکار سے مزین رہتی۔ دنیا کی نیرنگی، حسن و جمال کا احساس، پرندوں کے مسرور کن چہچہے، دل کو چھو لینے والے مسحور کن گیت، کون سی چیز تھی جس نے ہمیں دیوانہ سا نہ کر رکھا تھا۔ طبیعت میں زبردست اٹھان اور مزاج میں بلا کا تلون تھا۔ حسن و جمال، خوبی و کمال اپنی پوری رعنائیوں کے ساتھ جلوہ گر تھی۔ جہاں کوئی خوبی یا خوب صورتی دیکھتے گویا دیوانے ہو جاتے۔ پھولوں کے رنگ و روغن ہی پر فدا نہ تھے بلکہ کانٹوں کی چبھن کے احساس نے بھی ہمارے دامن دل کو تھام رکھا تھا۔ ثریا پر پہنچ جانے کی شدید تمنا نے ہمارے قدموں کو زمین پر ٹکنے نہ دیا تھا۔ افلاس کی جہاں گیری اور اور عنفوان شباب کا شب خون۔ حیات کے دریا میں کون سا طوفان تھا جو ساحل کی خاموش سرحدوں پر اپنا سر پٹکتا نظر نہ آتا تھا۔ برش ہاتھ میں لیا تو مصوری میں کمال

حاصل کیا، قلم سنبھالا تو شاعری کرنے لگے۔ اشہب جولان دشت و دریا ایک کر رہا تھا۔ اسی عہد یادگار میں ایک طرح دار شخصیت نے ہمارے دل کی دنیا میں انقلاب برپا کرتی، اور رنگ فکر پر اپنا سکہ جماتی منصۂ احساس پر جلوہ گر ہوئی، جس کے لطیفے آج بھی ہمیں ازبر ہیں، جس کی حکایات آج بھی ہمیں یاد ہیں، جسکی مست کر دینے والی گفتگو کے ہم شیدائی بن گئے، جسکی محو کر دینے والی اداؤں نے ہمیں دیوانہ بنا دیا۔ اس مایہ ناز اور عبقری شخصیت کو دنیا مولانا الحاج محمد حمید الدین عاقل حسامی دامت فیوضہم و برکاتہم کے نام سے جانتی ہے۔

یہ ہمارا وطیرہ ہے کہ ہم جس کسی کے دیوانے ہوتے ہیں کرتا پھاڑ کے ہوتے ہیں۔ ہم دیوانگی میں ہوش مندی کو کفر خیال کرتے ہیں۔ اپنی حیات کو حضرت کی حیات سے منسلک کر لیا۔ صبح ہو رہی ہے تو حضرت کے ساتھ، شام ہو رہی ہے تو حضرت کے ساتھ رات دیر گئے تک حضرت کے ساتھ۔ سائے کی طرح حضرت کے ساتھ ہیں۔ ''صحبت حضرت ترا حضرت کند'' ہم بھی اچھے خاصے حضرت ہو گئے۔ وہاں وعظ ہے ہم بھی حاضر ہیں، وہاں تقریر ہے ہم بھی حاضر ہیں۔ کوئی مجلس کوئی مسجد کوئی ادارہ کوئی خانقاہ کوئی بارگاہ ایسی نہیں ہوتی جہاں حضرت ہوتے اور مایہ نکبت نہ ہوتے۔ شباہت کے تتبع کا وہ عالم کہ جس انداز سے حضرت شملہ باندھتے گھنٹوں آئینے میں ایستادہ اسکی استادانہ مشق بہم پہنچاتے۔ جس طور سے حضرت وعظ فرماتے اسکی دیوانہ وار نقل جاری رہتی۔ حد تو یہ ہوئی کہ ہماری تقریر پر لوگوں کو حضرت کی تقریر کا گمان ہو نے لگا۔ تو من شدی من تو شدم والا معاملہ ظہور پزیر ہونے لگا۔ تصوف کے وہ نکات کہ جن کا ادراک و احساس تقدیر کا خاصہ ہے بہ صورت اتم حاصل رہتا۔ ہوش در دم، نظر بر قدم، سفر در وطن خلوت در انجمن جیسے عناوین زندگی میں اپنے اثرات مرتب کرنے لگے۔ یہی تو اتباع کی جلوہ گری ہے کہ آج ۳۵ سالوں سے منبر رسولؐ ہے اور خاکسار کی خطابت ہے، محراب مصطفیٰ ہے اور احقر العباد کی عبادت ہے۔

ہماری شخصیت میں مولانا عاقل کوٹ کوٹ کر بھرے ہیں۔ اگر آج ہم ایک شاعر ہیں تو وہ مولانا کا طفیل ہے، اگر ہم ایک مقرر ہیں تو وہ مولانا کا طفیل ہے، اگر ہم ایک مزاح نگار ہیں تو وہ مولانا کا طفیل ہے، اگر ہم ایک بیوی کے شوہر ہیں تو وہ مولانا کا طفیل ہے اگر دو بیویوں کے شوہر ہیں تو وہ مولانا کا طفیل ہے، اگر ہم تین بیویوں کے شوہر ہیں تو وہ مولانا کا طفیل ہے اور اگر خوبی تقدیر سے انشاء اللہ العزیز المستعان

چار بیویوں کے مطلق العنان شوہر ہو نگے تو وہ بھی یقینا مولانا ہی کا طفیل ہوگا۔ نیک بخت مرید اپنا تمام نیکیوں کو اپنے پیر سے منسوب کرتا ہے۔ یہ ولولہ یہ جوش یہ استقامت یہ بہادری یہ زہد یہ اتقا یہ پامردی اور یہ جواں مردی ہم میں یوں ہی نہیں در آئی ہے، سالہا سال کی صحبتوں کے نتائج ہیں۔ یہ اس زمانے کی بات ہے جب مولانا جوان تھے اور جوانوں کی زبان میں گفتگو فرمایا کرتے تھے۔ نوجوانوں کو تجارت کرنے اور داڑھی چھوڑنے کی ترغیب اور جلد از جلد شادی کر لینے کی ترہیب دیا کرتے تھے۔ مستزاد چار چار شادیاں کرنے کی پٹی کچھ ایسی پڑھائی کہ ہم نے تو اس سبق کو ایسے یاد رکھا جیسے چہارم کے بچے چار کا پہاڑہ یاد رکھتے ہیں۔ ہم سب کچھ بھلا سکتے ہیں لیکن مولانا کا دیا ہوا یہ سبق نہیں بھلا سکتے۔ پکا مرید وہ ہوتا ہے جو اپنے مطلب کا سبق یاد رکھے۔ اب یہ مولانا کے مواعظ ہی کا نتیجہ تھا کہ ہم نے مسجد کے سامنے کھجور کی دوکان لگالی اور مسجد کے اندر دہی بڑے بیچنے لگے اور لگے ہاتھوں شادی بھی کرلی۔ وہ دن ہے اور آج کا دن ہے باپ بنے جارہے ہیں۔ پہلے صرف اپنے ہوا کرتے تھے اب بچوں کے بھی ہو رہے ہیں اور اپنے بھی ۔بعض موسموں میں تو ایسا ہوا کہ نومبر میں نانا بنے اور دسمبر میں پھر ابا۔ یہ مولانا کے مواعظ کا طفیل ہے۔ ہم تو کہتے ہیں کہ سارے ہندوستان کو مولانا کا وعظ صدق دل سے سننا اور اس پر استقلال سے عمل کرنا چاہئے ۔اگر ایسا ہوگیا تو آنے والی صدی میں صرف مسلمانوں کی جمہوری حکومت ہوگی۔

مولانا عاقل کے مواعظ نے ہمیں پاکیزگی، طہارت، عشق و سرمستی، خودداری و استغنا، اکتفا و اتحاد، مروت و محبت کی دولت سے مالا مال کیا ہے۔ بحمد اللہ تعالی آج نہ ہمارے دل میں کسی سے حسد ہے نہ کسی سے کینہ و بغض۔ حد تو یہ ہے کہ کسی سے کوئی اختلاف بھی نہیں رکھتے۔ لوگوں نے اپنے اطراف مسلک و مذہب کے عناوین سے فلک بوس دیواریں کھڑی کر لی ہیں اور ہم انسان دوستی کے شمع لئے تاریک راہو میں اجالوں کی تمہید باندھے چلے چل رہے ہیں۔ چنانچہ یہ مولانا کا فیض ہے کہ ہمارے قریبی دوستوں میں دیوبندی بھی ہیں اور بریلوی بھی۔ اہل حدیث بھی ہیں اور اہل طریقت بھی۔ شیعی بھی ہیں اور مہدوی بھی ۔نہ ہم کسی سے چڑھتے ہیں نہ کوئی ہم سے بدکتا ہے۔ البتہ ہم اپنے مسلک کو کسی مصلحت سے نہیں چھپاتے ۔ہمارے عقاید ہمارے ایمان کی طرح ظاہر ہیں۔ تقیے کو تقوی کے منافی اور اعلان کو احسان کے مترادف خیال کرتے ہیں۔

ہم نے دار العلوم حیدرآباد میں کئی سال پہلے بحیثیت مدرس زاں بعد کچھ مدت کے لئے شعبۂ پرائمری کے صدر مدرس کی حیثیت سے خدمت انجام دی ہیں ۔وہ دور ہماری زندگی کا ایک سنہرا دور تھا ،افلاس بام عروج پر تھا تو تقوی ثریا پر،غربت حیات کا طرہ امتیاز تھی تو زہد اپنے کمال پر۔ہم پیسے پیسے کو محتاج تھے لیکن دل غنا و بے نیازی سے لبریز تھا۔انہی دنوں ایک دفعہ ہم مولانا عاقل سے ملنے ان کے در دولت پہنچے،حضرت نے ملاقات کی اور دیر تک احوال بلکہ حال زار پوچھتے رہے،اور اتنی دیر پوچھا کہ ایک امید کی ہلکی سے لہر ہمارے دل مایوس میں دوڑ گئی۔قبلہ نے ارشاد فرمایا تم بیٹھو میں ابھی آتا ہوں۔اس ارشاد عالیہ نے تو مزید امیدوار بنادیا۔کچھ دیر بعد حضرت لوٹ آئے۔اب یہ ہماری قسمت تھی کہ ہاتھ خالی تھے۔ویسے وہ دور ہی ایسا تھا کہ عموماً ہاتھ خالی اور جیب معری رہا کرتی تھی۔ہمیں ایسا گمان ہوا کہ حضرت کمرے میں جاکر کچھ ڈھونڈ آئے ہیں اگر نہ پایا تو یہ ہماری تقدیر ہے۔ہم نے سوچا اگر مولانا ہمیں اجازت مرحمت فرمائیں تو ہم خود جاکر ڈھونڈ لیں۔ضرورت مند کا ڈھونڈنا کچھ اور ہوتا ہے،وہ ڈھونڈ ڈھانڈ کر اپنے مطلب کی چیز نکال ہی لیتا ہے۔اگر مولانا کو کچھ نہیں ملا تو اس کے یہ معنی ہرگز نہیں کہ ہمیں بھی کچھ نہیں ملے گا۔

کیا فرض ہے کہ سب کو ملے ایک سا جواب   آؤ نہ ہم بھی سیر کریں کوہ طور کی

مولانا عاقل سے زیادہ ہم نے بذلہ سنج ،لطیفہ گو بلکہ لطیفہ ساز کسی اور کو نہیں پایا۔ایک دن دار العلوم حیدرآباد میں ہم نے اساتذہ کے درمیان ایک مزاحیہ مضمون سنایا۔محفل زعفران زار ہوگئی۔ابھی لوگوں کے لبوں پر تبسم کی پھلجھڑیاں جگمگا رہی تھیں کہ حضرت عاقل جلوہ افروز ہوئے۔لوگوں کو جو مسکراتے ہنستے دیکھا فرمایا کیا بات ہوئی ہے۔مولانا نوال الرحمان نے عرض کیا کے حضرت متقی صاحب نے ایک مزاحیہ مضمون ''ہمارا بستر'' سنایا ہے۔بہت ہی پر لطف مضمون تھا۔حضرت قبلہ نے ارشاد فرمایا کہ غنیمت ہے کہ متقی صاحب نے ہمارا بستر سنایا ہے وہ ''ہم بستر'' بھی سنا سکتے ہیں۔اتنا سننا تھا کہ محفل بار دیگر زعفران زار ہوگئی۔ہم نے ہاتھ جوڑ کر عرض کیا کہ حضرت آپ کا یہ ارشاد ہمارے مضمون پر بھاری ہے۔

ایک دن حضرت حسامیہ منزل میں وعظ فرما رہے تھے،اور حضرت موسیٰ علیہ السلام کا قصہ چل رہا تھا۔جب بات یہاں پہنچی کہ فرعون،موسیٰ علیہ السلام کا تعاقب کرتے کرتے جب دریائے نیل پر پہنچ گیا تو

اس کا گھوڑا نیچے اترنے ڈر رہا تھا۔ حضرت نے فرمایا کہ اتنے میں حضرت جبرئیل علیہ السلام ایک گھوڑی پر تشریف لائے اور اپنی گھوڑی کو نیل میں اتار دیا۔ پیچھے ہی فرعون کا گھوڑا تھا اس نے یہ کہہ کر نیل میں کود پڑا '' پیار کیا تو ڈرنا کیا''۔ بس پھر کیا تھا محفل قند گل گوں سے معمور ہو گئی۔

مولانا حقیقی معنی میں ایک کراماتی شخصیت ہیں۔ بحمد اللہ تعالیٰ آج ۱۹۵۷ء سے ۲۰۰۷ء تک پوری نصف صدی سے عید گاہ میر عالم میں عیدین کے موقع پر مسلسل خطاب فرما رہے ہیں، کیا یہ ایک کرامت نہیں۔ اور پھر تین تین گھنٹے دو زانو بیٹھے وعظ فرماتے ہیں۔ سننے والوں نے ہزار دفعہ زانو بدل بدل کر سنا لیکن کہنے والے نے جتنا کہا دو زانو کہا، اور کیا مجال جو آثار تکان نے کہیں اپنا اثر دکھایا ہو۔ وہی سرشاری و شادمانی وہی سرسبزی و شادابی کہ اس چمن لالہ زار و گلشن نو بہار کا خاصہ تھی تین گھنٹے کی محنت شاقہ کے بعد بھی بعینہ موجود ہے۔ وہی اتار وہی پھلجھڑیاں اور وہی آتش بازی ہے اور وہی سرفرازی ہے۔ وہی گفتگو ہے وہی گفتگو میں خوبو ہے۔ بزم وعظ کے بعد ایک مختصر سی محفل مکرر منعقد ہوتی جس میں حضرت کے چاہنے والے اور عقیدت مند جمع ہوا کرتے، کوئی نہ کوئی شخصیت عنوان ظرافت قرار پاتی اور یوں حضرت کے ارشادات عالیہ سے محفل زعفران زار ہو جاتی۔ لطیفہ گوئی کا طریقہ اور لطیفہ سازی کا قرینہ کوئی حضرت عاقل سے سیکھے کہ عقل و دانش جبہ سائی کرتی نظر آتی ہے تو دیدہ و دل تعلیم و تدریس کے موتی رولتے دکھائی دیتے ہیں۔

مولانا عاقل سے ہم نے صلح کل کا درس لیا ہے۔ وہ صلح کل کہ جس کی ضرورت تاریخ میں ازاول تا آخر ناگزیر ہے۔ تعجب اس امر پر ہے کہ مولانا کے نظریہ صلح کل سے اختلاف رکھنے والوں میں صلح کل نہیں پائی جاتی۔ وہ قبر پرست، دین بیزار، اجہل، نام نہاد مشائخین کہ جن کے پیٹ میں الف نام کی کوئی چیز نہیں اور جن کا معدہ اودہ لوبان کے دھوئیں میں پرورش پا رہا ہے، جو پیروں کی دہائی دے کر اپنے امنگل کو منگل بنائے رکھتے ہیں جن کو دیکھ کر فرعون یاد آتا ہے جن سے مل کر نمرود کی یاد تازہ ہو جاتی ہے، جو ملت کی دولت پر قارون بنے بیٹھے ہیں، جنھوں نے مزارات مقدسہ کو اپنا تکیہ بنا لیا ہے اور جن کے تکیئے بلکہ توشکیں بھی عرسوں کی روشنیوں سے جگمگاتے ہیں، جو چڑھتے سورج کے پجاری ہوتے ہیں جنھوں نے رنگوں میں ملت کو تقسیم کر دیا ہے مولانا کی یکرنگی کو کیوں کر برداشت کر سکتے ہیں۔ یا للعجب جنھیں دعائے

قنوت یاد نہیں وہ فاتحہ کے جواز و عدم جواز پر بحث کرتے ہیں جنھیں مفسدات کی خبر نہیں وہ سمع موتی کے معاملات طے کرتے ہیں۔ جن کے لبوں پر نام رسولؐ ہوتا ہے اور کردار بوجہلی ہوتے ہیں۔ جن کے سروں پر دستار فضیلت ہوتی ہے لیکن اخلاق بولہبی ہوتے ہیں۔ جو تفریق کے لئے تقریر کرتے ہیں اور اپنی تقریر کی قیمت آپ مقرر کرتے ہیں۔ جو آشا بھونسلے کے گیت تو نہیں سنتے لیکن غیبتیں ضرور سنتے ہیں۔ جنھوں نے فلم شعلے تو نہیں دیکھی لیکن دل حرص و حسد کے شعلوں میں گھرا رہتا ہے۔ جنھوں نے دنیا کے لئے دین بیچ ڈالا۔ جنھوں نے جاہ و مرتبے کے لئے وزیروں کی صحبت اختیار کی اور درویشوں سے دوری۔ جو دنیا دیکھ کر دین اور مال دیکھ کر مسلک بدل دیتے ہیں۔ جو کفر و الحاد کے ناپاک سروں پر مقدس بارگاہوں کے پاکیزہ شملے باندھ کر اپنی دنیا رنگین رکھتے ہیں۔ جو ماتھوں پر اودھی لگا کر اپنی تقدیر چمکاتے ہیں۔ جو معاشرے کی خونخوار نگاہوں کی تاب نہ لا کر سنت پر عمل تو نہیں کرتے لیکن دیدہ بازی اور دست درازی سے لطف اندوز ہوتے ہیں۔ جو حسینوں کو گلے لگا کر الا اللہ کا نعرہ مارتے ہیں اور مکر و فریب سے معصوم مستورات کی عفتوں کو ہتیاتے ہیں۔ جو تعویذ، گنڈے، ٹوٹکا، نہاون، اتارا، سایہ سپٹ جیسے عناوین سے ناسمجھ خواتین کو بس میں کرتے ہیں۔ اعمال اسفل جن کا شیوہ اور افعال اجہل جن کا وطیرہ ہوتا ہے۔ ایسے لوگ اگر مولانا عاقل سے اختلاف رکھتے ہیں تو عقلا کے ہاں ان کا اختلاف تف بر رخ خورشید کے مترادف ہوگا۔ ہمارا عقیدہ ہے کہ مسالک و مذاہب، افکار و آرا دین کے اجزا ہیں۔ پھولوں کے اختلاف ہی سے چمن کی زیب و زینت ہے ،اس لئے ہم اختلاف کو ہوا نہیں دیتے اختلاف کو روا رکھتے ہیں۔ مولانا کی زندگی حافظ شیرازی کے اس شعر کی مکمل تصویر ہے ع

وفا کنیم و ملامت کشیم و خوش باشیم　　　که در طریقت ما کافریست رنجیدن

مولانا عاقل کے مواعظ سے ہم دوسرے نوجوانوں کی طرح بہت متاثر تھے۔ اب یہ ہوش ربا تاثر ہی تو تھا کہ جو سنتے عمل کرنے لگتے۔ اور طرفہ تماشہ کہ دوسروں کو بھی عمل کروا کر چھوڑتے۔ جب ہمیں یہ معلوم ہوا کہ ٹخنوں سے نیچا اگر پاجامہ یا پتلون لٹکتا رہے تو نماز نہیں ہوتی تو اماموں کو بھی عین تکبیر تحریمہ کے وقت ٹوک دیا کرتے تھے۔ لوگ ہماری تنقید بجا و بیجا سے بہت پریشان تھے۔ اگر کوئی آمادہ بہ جنگ ہوتا تو

ہم ایک دفعہ یسن جنگ کی مسجد میں نماز مغرب کے بعد اوابین میں مشغول تھے کہ ایک حضرت جو نہایت لحیم شحیم تھے دندناتے داخل مسجد ہوئے اور تنگیٔ وقت کے سبب بہت عجلت میں رکعت باندھ لی۔ مسجد میں ہمارے علاوہ کوئی نہیں تھا۔ ایک گولے کی مدھم روشنی میں ہم سجدوں کے مزے لوٹ رہے تھے۔ لڑکپن کا زمانہ تھا، حسد کینہ بغض لالچ جیسی چیزوں سے دل دور تھا تو نماز کا لطف بھی آرہا تھا۔ کم بخت دل جب سے دنیادار ہو گیا ہے دین داری کی یہ صفت جاتی رہی۔ غرض حسب عادت ہم نے ان کا پتلون دیکھا جو حسب روایت ٹخنوں سے نیچے لٹک رہا تھا۔ بہت افسوس ہوا کہ ان کی نماز ہو نہیں رہی ہے۔ ہم نے سوچا کہ کیوں نہ ہم ان کی نماز کو درست کر دیں۔ اس مبارک خیال کے آتے ہی ہم ان کے پیچھے جا کر آرام سے بیٹھ گئے اور ان کے لٹکتے ہوئے پائچوں میں اپنی معصوم انگلیاں ڈال کر ابھی پائچے چڑھانے کی تمہید باندھنے والے تھے کہ موصوف نے اس شدت سے بدک کر اپنا سیدھا پاؤں جھٹکا کہ حضرت کا قبلہ بدل گیا۔ پچھم جانب شمال اور ماتھی دھڑ جانب پشت پھر گیا۔ مگر کیا مجال جو اس حالت میں بھی انہوں نے ہاتھ کھولے ہوں زیر ناف ہاتھ بدستور بندھے تھے۔ وہ ہمیں حیرت اور خوف کے عالم میں گھورے جارہے تھے لیکن تلاوت جاری تھی۔ ہم بھی خود ڈر گئے تھے کیا پتہ نماز توڑ کر ہماری کہاں کی ہڈی توڑ دیں۔ شریف آدمی تھے پلٹ کر رکوع کیا اور ہم نے سجدہ شکر ادا کئے بغیر نعلین در بغلین مسجد سے بھاگ کھڑے ہوئے۔

مولانا عاقل ہی کے وعظوں، تقریروں کا یہ اثر تھا کہ ہم نے اپنی ان تمام تصویروں کو جو بہت چاؤ اور مختلف اینگل سے کھنچوائے تھے اور امید تھی کہ ہمارے اٹھتے ہوئے شباب کی متاثر کن تصویروں کو دیکھ کر کہیں نہ کہیں ندیا کے پار سے کوئی نہ کوئی دیویکا رانی اپنی ایک آن سے چلی آئے گی اور بحیثیت ہیرو ہمارا انتخاب کرلے گی، اور ہم بھی ایک شہنشاہ جذبات جیسی کوئی چیز بن کر منصۂ شہود اور پردۂ وجود پر جلوہ گر ہوں گے، اور ہمارے بحر تمنا میں بھی کوئی جوار کوئی بھاٹا اپنے نقش دل آویز دکھاتا ہوا آرزوؤں کی گنگا اور تمناؤں کی جمنا کو ایک کردے گا۔ اور دنیا کے ان ختم نہ ہونے والے میلے میں کسی نہ کسی جوگن، یا کسی نہ کسی مدھومتی کا دیدار ہوگا، اور ہم بھی اپنے ہاتھوں میں انسانیت کی مشعل لئے نئے دور کو اخلاص و محبت کا پیغام دیں گے، مگر یہ ہو نہ سکا اور اب یہ عالم ہے کہ تو نہیں ترا غم تیری جستجو بھی نہیں کے مصداق ہم نے اپنی ان تمام تصویروں کو اپنے عشقیہ خطوط کی طرح نذر آتش کر دیا اور وہ سارے جذبات اور وہ سارے احساسات

شکست کھا کر مانو ایک قلعہ میں قید ہو کر رہ گئے اور آج ہم فٹ پاتھ پر کھڑے ہوئے اس کوہ نور کے لئے سنگھرش کر رہے ہیں جو ایک لیڈر کے مقدر میں تو ہوسکتا ہے ٹیچر کے مقدر میں نہیں۔اب لے دے کے کچھ ادھیڑپن کی تصویریں رہ گئی ہیں جو کہیں بھیجے جانے کے لائق تو کیا رہیں گی البتہ شریر بچوں کے ڈرانے کے کام آسکتی ہیں۔ہم نے تصویر کشی کے عنوان سے مولانا کے تین ادوار دیکھے ہیں ایک اباو اجتناب کا دور کہ کیمرہ مین جب سامنے آ کر تصویر کشی کی جرأت کرتا تو مولانا تحقیر و تنفر سے اپنا منہ پھیر لیا کرتے تھے۔اور عکاس کی آرزوئے عکاسی عکس برآب ہو کر رہ جاتی۔دوسرا دور اباحت و اجازت کا کہ جس میں مولانا فوٹو کھینچنے والے سے ناراض نہیں ہوا کرتے تھے۔بلکہ اپنی آنکھیں کھلی رکھتے ہوئے چشم پوشی فرمایا کرتے تھے۔تیسرا دور اختیار و اشتیاق کا ہے جس میں مولانا دوسرے مولاناؤں ،دانشوروں اور رہنماؤں کے ساتھ گروپ فوٹو کھنچواتے ہیں اور ضرورت شدید کے تحت فلم بندی بھی کرواتے ہیں ۔چشم ما روشن دل ما شاد،لیکن اس تبدیلی فکر کے نتائج ہمارے لیے بہت خیر اندیش اور امید افزا نکلے کہ ہم نے جو اس کار خیر کے جواز پر مولانا کو ہری جھنڈی دکھاتے دیکھا ہم نے وقت کے کسی جز کو ضائع کئے بغیر پردۂ دوسروں سے سلسلہ جنبانی شروع کردی،اور جب ناعاقبت اندیش اور جوہر ناشناس ہدایت کاروں نے ہمارے ضعف کو بہانہ بنا کر اپنی نا اہلی کا ثبوت دینے کی کوشش کی تو ہم نے ہالی ووڈ کے ان مشہور اور ادھیڑ ہیروز کا مشارجہ ڈیرٹن ،کلائنٹ ایسٹ ووڈ،عمر شریف اور انتھونی کوئن کا حوالہ دیا جنہوں نے ادھیڑپن ہی میں اپنا اور اپنے والدین کا نام روشن کیا تھا۔لیکن تقدیر میں مزاح نگاری کرنی لکھی تھی اداکاری کیا کرتے۔

ہماری شعری صلاحیتوں کے اوج و اقبال میں بھی مولانا کا دخل رہا ہیکہ مولانا ہی نے ہمیں کہنہ مشق شاعر اور شیریں سخن حضرت علامہ معز الدین ملتانی کے شاگردوں میں شامل کیا تھا۔اور ہم نے بھی حضرت معز ملتانی نور اللہ مرقدہ سے بحمد اللہ تعالی ان کے انتقال پر ملال سے ایک دن قبل تک بھی خوب خوب استفادہ کیا۔ان سے ستار نوازی کے رموز اور فن تاریخ گوئی کا ملکہ حاصل کیا۔اسطرح ہماری شاعری کے کئی مجموعے منظر عام پر آچکے ہیں جس میں ہماری رومانی شاعری کو خاصی شہرت ملی ہے۔واقعہ یہ ہے کہ حقیقی شاعری اور سچے جذبات کی ہمیشہ قدر ہوتی ہی ہے،اور ہونی ہی چاہئے۔چنانچہ ہم نے غزل،رباعی ،مسدس،مثنوی اس کے علاوہ دوستوں کے قصائد اور دشمنوں کی ہجویات پر بھی خاص توجہ دی۔چنانچہ ایک

زمانے میں استاد گرامی قدر سے ایک پلید کو خدا واسطہ کا بیر تھا اور وہ شان والا میں کچھ نہ کچھ کہا کرتا تھا او رنتیجۃً مولانا اس ذات شریف سے بہت نالاں تھے اور تبدیلیٔ ذائقہ کے طور پر کبھی کبھی نثری ہجو بھی ارشاد فرمایا کرتے تھے۔ ہم کہاں چپ رہنے والے تھے اتباع پیر میں ایک بلند پایہ، فکر آثار اور رقیب روسیاہ کے شایان شان ہجو مبارک کہ ڈالی جس میں اس غریب کو لچا، لفنگا، کمینہ، ملت فروش، بدمعاش، ما جہل اور احول جیسے مبارک خطابات سے نوازا۔ درآں حالیکہ اس ناخلف و نابکار سے ہماری بھی دور کی قرابت تھی لیکن ہم دینی قرابت کو نسبی قرابت پر فوقیت دیتے ہیں۔ وہ ہمارے ماموں کے سمدھی کے خالہ زاد بھائی کے داماد کی چھوٹی بہن کا بڑا بہنوی ہوتا ہے۔ نو دولتیا ہے ایک زمانے میں رکشہ چلایا کرتا تھا بعد میں موٹر چلانے لگا تھا۔ چونکہ ضعیفی کے سبب خود اس کا چلنا دوبھر ہو گیا ہے اس لیے نہ یہ چلاتا ہے نہ وہ۔ مگر تعجب ہے ایک دنیا اس کے پیچھے چل رہی ہے۔ قد اتنا پست اور حلیہ اتنا عجیب ہے کہ دیکھنے والوں کو معجون کی چھوٹی کٹوری یاد آ جاتی ہے یہ اس لیے کہ رہا ہوں کہ دوست کے دشمن کی ہجو دوست کی مدح سرائی ہوتی ہے ۔چہرے پر چیچک کی آخری نشانیاں رہ گئیں ہیں۔ سالے اپنی موت تک اس کو کھٹل دانی پکارا کرتے تھے ۔مگر ظالم کی آواز غضب کی ہے چار مینار سے چیختا ہے تو دلی تک آواز جاتی ہے۔ موصوف کی تیسری بیوی رشتے میں میری کی پھوپی لگتی تھیں عرصہ ہوا پھوپی نے اس کے فلک شگاف خراٹوں کی تاب نہ لا کر طلاق لے لیں تو ہم نے طلاق کی تہنیت میں ایک غیر منقوط نظم بھی کہی تھی اور اس میں اپنے فن کے جوہر دکھائے تھے۔ غرض اس ہجو کی ہمارے احباب نے داد دی اور ایک ایک شعر کو ایسے سراہا جیسے مرزا غالب کی ''چکنی ڈلی'' والی نظم کو سراہا گیا تھا۔ خدا کی شان ہے دور بدل گیا۔ اختلافات اتفاقات سے ہم آہنگ ہو گئے۔ ہمیں اس سے کوئی غرض نہیں کہ اس دوستی کے پیچھے کس کی کیا غرض پوشیدہ ہے۔ اور کن مصالح کے تحت حضرت نے مصافحہ کو قبول اور معانقہ کو منظور فرمایا۔ ہم تو دعا گو ہیں کہ خدا دوستوں کی اس دوستی کو دشمنوں کی نظر بد سے محفوظ رکھے۔ ہمارے اندر جو مسرتیں موجزن ہوئیں تو ہمیں وہ ہجو یاد آئی جو ہم نے بھر پور عقیدت سے کہی تھی۔ معتوب جو محبوب ہوا تو ہم نے بھی صدق دل سے اسی ہجو کو فوراً قصیدہ کا پیرہن دے دیا۔ ہجو کو قصیدہ بنا دینا ہمارے بائیں ہاتھ کا اور قصیدہ کو ہجو بنا دینا ہمارے سیدھے ہاتھ کا کام ہے۔ اور اگر یہ کہیں تو بے جا نہ ہوگا کہ شاعری ہمارے دونوں ہاتھوں کے درمیان کی چیز ہے۔ غرض ان نجویہ الفاظ کو

ہم نے دین دار، راست گو، متقی، دنیا بیزار، ملت نواز، دور اندیش، خیر خواہ، خوب رو خوش خو جیسے حمدیہ الفاظ سے بدل دیا۔ اگر ہم اتنا بھی کمال نہ دکھا سکیں تو ہمارے لئے "شگفتہ قلم" جیسا خطاب بے معنی ہو کر رہ جائے گا۔ مستزاد یہ کہ نہ مصرعے وزن سے خارج ہوئے نہ بحر ہی میں کوئی تبدیلی واقع ہوئی۔ لوگوں نے کہا حضرت کل آپ نے جس شخص کی مذمت فرمائی تھی آج اسی کی اس حد تک تعریف کرتے ہیں تو ہم نے کہا حضرت ہم اپنے پیر کے مرید ہیں کسی پلید کے مرید نہیں۔ اور لگے ہاتھوں وہ واقعہ بھی سنا دیا جو بیگن کے قصے کے نام سے مشہور ہیکہ ایک بادشاہ نے ایک دفعہ بیگن تناول فرما کر انگلیاں چاٹتے ہوئے بیگن کی تعریف فرمائی تو وزیر نے کہا قبلہ و کعبہ اسی لیے خدا نے اس کے سر پر تاج رکھا ہے۔ دوسرے دن بادشاہ نے دردِ شکم کی تاب نہ لا کر بیگن کی مذمت فرمائی تو وزیر نے کہا جہاں پناہ اسی لئے خدا نے اس کے سر میں میخ ٹھونکی ہے۔ بادشاہ حیران رہ گیا تو وزیر نے کہا کہ عالم پناہ میں آپ کا غلام ہوں بیگن کا غلام نہیں۔

خدا جب کسی کو خوب صورتی کی دولت کے ساتھ خوب سیرتی کی دولت سے بھی نوازتا ہے تو وہ شخصیت معشوقۂ دوراں قرار پاتی ہے۔ مولانا عاقل اپنی شباب میں یوسف ثانی تھے اور سارا شہر زلیخا بنا ہوا اسیر محبت تھا۔ وہ اٹھتے تو دلوں میں الفت کے شعلے اٹھا کرتے تھے اور وہ بیٹھتے تو عاشقوں کے دل بیٹھ جایا کرتے تھے۔ صورت ایسی پائی تھی کہ چندے آفتاب اور چندے ماہتاب کے ضرب الامثال اپنی مکمل رعنائیوں کے ساتھ حضرت پر چسپاں ہوتے تھے۔ خدا نے چہرے میں وہ نور رکھا تھا کہ جو دیکھتا مجبور ہاتھوں سے دل رکھ دیا کرتا تھا۔ سفید شملہ اور اس پر چاندنی جیسی اجلی اوڑھنی معلوم ہوتا کہ "سحر البیان" کا بدر منیر جلوہ گر ہے۔ عشاق صادق معشوق چہاردہ کو اس محبت سے نہیں گھورتے جس طرح ایک عالم حضرت کو تکا کرتا تھا۔ معلوم ہوتا کہ ایک فرشتہ آسمانی زمین کی سیر فرمانے محلہ پنجہ شاہ چلا آیا ہے۔ اولیاء کی وہ ذات و روایات جو ہم نے کتابوں میں پڑھی تھی، دیدہ و دانستہ جلوہ گر ہے۔ مستزاد حضرت کی پر لطف، من موہ اور دل نواز گفتگو کہ سننے والے انگشت بدنداں دریائے حیرت میں غوطہ زن نظر آتے۔ عشق حقیقی رکھنے والوں میں کچھ پردہ نشینوں کے نام بھی آتے ہیں۔ حضرت کار دین میں ایسے لگے رہے کہ دین کے اس شعبہ لطیف میں دلچسپی نہ لی ورنہ آج گلستان حسامیہ منزل مزید غنچہ ہائے گلگلوں و گل ہائے بوقلموں سے معمور نظر آتا۔ اور پھر مشکل بھی کیا تھی لوگ دل لئے حاضر دربار تھے۔ اشارہ ہوتا تو سر اقدس پر بارہا سہرے بند ھے جا سکتے

تھے۔ ہماری حسرتوں پر یہ کس قدر زیادتی ہے کہ مولانا نے شوق دلا دلا کر ہمیں کئی عورتوں کا شوہر بنا ڈالا اور خود ہنوز یک زوج ہیں۔

خدا آباد رکھے حضرت والا نے علم و تفضل کے کچھ ایسے پتے عنایت فرمائے ہیں کہ بازی کیسی ہی کیوں نہ کروٹ لے رہی ہو آخر کار اپنا پتا ہی کام آتا ہے۔ دنیا ہمیں جوکر سمجھتی ہے لیکن یہ نہیں سمجھتی کہ جوکر ہر پتے کے ساتھ لگ جاتا ہے۔ جوکر کی قسمت میں شکست نہیں ہوتی نصرت و اقبال اس کی تقدیر کا خاصہ ہوتا ہے۔ فن کار کو یکتائے روزگار ہونا چاہیے وہ بسم اللہ خاں ہی کیوں نہ ہو اپنی شہنائی سنا کے چھوڑتا ہے۔ اس میں کوئی شک نہیں کہ فارسی کی مٹھاس بھی ہم نے مولانا کے درس تصوف میں چکھی تھی۔ اس زمانے میں مولانا درس مثنوی مولوی معنوی دیا کرتے تھے۔ اگر آج مثنوی کے چیدہ چیدہ اشعار یا بوستان کی نظمیں یاد ہیں تو وہ مولانا ہی کے دروس کا نتیجہ ہے۔ ہم نے گلستان پہلے پہل حسامیہ منزل ہی میں پڑھی تھی زاں بعد اسے مکمل کیا تھا۔

مولانا عاقل نے ہمیں وقتاً فوقتاً اپنے مواعظ فیض آثار کے ذریعہ تاریخ اسلام سے آگاہ فرمایا۔ یوم صدیق اکبر، یوم فاروق اعظم، یاد عثمان غنی، یاد حیدر کرار منعقد فرما کر ثواب دارین حاصل کیا، کربلا کے واقعات کے سلسلے میں تو مولانا نے محرم شریف کے دس دن مختص فرمایا کرتے تھے، جس میں تفصیل سے حضرت سیدنا امام حسین رضی اللہ عنہ کی سیرت مبارکہ کا بیان ہوتا، اور کربلا کے سانحہ کو بالتفصیل بیان فرماتے اور خود روتے اور سننے والوں کو رلاتے۔ یاد کربلا ہمارے ذہنوں پر آج تک مسلط ہے بلکہ منحصر ہے کہ ان ہی مجالس کے ذریعہ تو ہم نے حضرت امام عالی مقام کے مقام و مرتبہ کو جانا اور یزید پلید کے ذلیل منزلت سے آگاہ ہوئے۔ یزیدیوں کے جور و ستم اور حضرت امام حسین کے صبر و استقلال پر کچھ ایسی سیر حاصل گفتگو سنی ہے کہ اب اگر کوئی نام نہاد حسینی یزیدی لشکر سے بھی اذان توحید بلند کرتا ہے تو ہم اس مردود کو ملعون گردانتے ہیں اور اس کی تقریر و تحریر کو حیلۂ ابلیس سمجھ کر لاحول پڑھتے ہیں اور کشتی اہل بیت میں سوار ہو جاتے ہیں جسے رسول اللہؐ نے زبان وحی سے سفینۂ نوح ارشاد فرمایا ہے۔ یہ مولانا عاقل کا طفیل ہے کہ آج ہم امام عالی مقام کے کردار بلیغ اور اخلاق حمیدہ سے واقف ہیں اور آپ کو حق پر سمجھتے ہیں اور ہر اس شیطان کو جو یزید پلید کو حق پر سمجھتا ہے خارجی و فتنہ گر خیال کرتے ہیں۔ ظاہر ہے کہ امام الہند جیسی شخصیت نے جس

بزرگ و برتر ہستی کو اپنا امام گردانا ہو، محمد علی جوہر جیسی ہستی نے یہ فرمایا ہو

قتل حسین اصل میں مرگ یزید ہے

اسلام زندہ ہوتا ہے ہر کربلا کے بعد

یا پھر سلطان الہند، خواجہ اجمیر نے ہمیں یہ درس دیا ہو کہ

شاہ ہست حسین بادشاہ ہست حسین | دین است حسین دین پناہ ہست حسین

سر داد، نہ داد دست، در دست یزید | حقا کہ بنائے لا الہ ہست حسین

اب کہاں ہم جاہ و منصب کے پجاریوں اور اورنگ و تاج پر رال ٹپکانے والوں کے چکر میں آسکتے ہیں اور کب اپنے ایمان سے ہاتھ دھو سکتے ہیں۔ اور پھر مولانا نے قاتلان حسین اور ستم گاران اہل بیت کے انجام سے جو خبر دار کیا اور ایک ایک مردود اور ایک ایک ملعون کے کیفر کردار تک پہنچنے کی جو تصویر کشی فرماتے ہوئے دشمنان حسین کو آڑے ہاتھوں لیا ہے، واللہ وہ اپنی مثال آپ ہے۔ اب نہ حیدرآباد کے رشدی اپنے دودو جز کے ناپاک چیتھڑوں سے ہمارے رشد کو آواز دے سکتے ہیں اور نہ دکن کے قولی، شمر، ابن زیاد، اور یزیدی فوج کے حرام خور دشمن خدا اور رسولؐ اپنی لعنت زدہ تقریروں سے سرداران بہشت کی شان اقدس میں ذرہ برابر کمی کر سکتے ہیں۔ یہ حسامیہ منزل کا فیضان ہے کہ ہم اپنی جان تو دے سکتے ہیں لیکن دامان حسین رضی اللہ عنہ سے ہاتھ نہیں دھو سکتے۔

کہتے ہیں کہ ہر آدمی کی ترقی کے پیچھے کسی نہ کسی عورت کا ہاتھ ہوتا ہے، لیکن مولانا کی ترقی کے پیچھے ایک مرد کا ہاتھ ہے۔ اور وہ اپنے وقت کا مرد حق اور مرد کامل گزرا ہے۔ اس مرد حق کی تعریف و توصیف میں محض اگر یہ کہ دیا جائے تو بے جا نہ ہوگا کہ وہ ایک جفاکش، وفاکیش، فعال، کارکرد، معلم، صاحب عقل و دانش اور پیکر علم و فضل شخصیت کا حامل فرد فرید تھا۔ جس نے اپنے فرزندوں کی تعلیم و تربیت میں اپنی حیات کے کسی لمحے کو فروگزاشت نہ کیا۔ دنیا اس مرد کامل کو حضرت العلامہ محمد حسام الدین فاضل نور اللہ مرقدہ کے نام نامی اسم گرامی سے جانتی ہے، جو مولانا کے والد، مربی، معلم و مودب گزرے ہیں، جن کا محنت شاقہ کا ثمر، تربیت عظمی کا مرقع اور تادیب مسلسل کا نمونہ ہمارے سامنے جیتی جاگتی شکل میں رونق افروز ہے۔ اب یہ موصوف کے والد محترم کی تربیت خاص کا نتیجہ ہی ہے کہ حضرت والا تبار کا کوئی بے تکلف دوست نہیں

ہے۔کوئی بے جا خواہش نہیں،کوئی بے معنی ولایعنی کام نہیں۔ مستزاد یہ کہ مولانا کے اطراف ان کے بچپن ہی سے ایسی دبیز،آہنی اور اونچی دیواریں کھڑی کردی گئیں تھیں کہ جنھیں پھلانگنا موصوف کے لیے مشکل ہی نہیں ناممکن تھا۔باپ نے سونے کے نوالے ضرور کھلائے لیکن دشمن کی نظر رکھی۔اسی دشمن کی نظر تھی جو مولانا ایک عالم کے آج دوست ہیں۔اغیار کی صحبت تو درکنار اپنوں کی صحبتوں پر بھی کڑی نظر رکھی جاتی کہ کہیں مہ واختر کی بلندیوں سے نبرد آزما ہونے والی شخصیت میں پستیوں کی خو بو نہ پیدا ہو جائے۔شہزادوں کی جس طرح بہ لحاظ نظام الاوقات پرورش ہوتی ہے بعینہٖ حضرت والا کی بود و باش ہوئی۔ہر کام کے لئے اوقات مقرر تھے اور ان اوقات پر کاربندی ناگزیر تھی۔آفاق میں روز و شب تبدیل ہو سکتے تھے لیکن انفس میں لیل ونہار کی تبدیلی ناممکن تھی۔صدف میں گوہر یوں ہی نہیں بنتا مدت دراز تک اسے حیات قید برداشت کرنی پڑتی ہے۔اس گوہر نایاب نے بھی قید تنہائی کے سالہا سال کاٹ دیئے اور جب صدف نے اپنا موتی اگلا تو مانو درخشانی لولو سے دکن کی سرزمین جگمگا اٹھی۔تعدیل حیات کا جو درس حضرت نے اپنے والد بزرگوار سے لیا تھا اس پر ہنوز پابند ہیں اور زندگی کے اس ڈگمگاتے دور میں بھی اسی پامردی سے رواں دواں ہیں۔

زندگی کی وہ چھوٹی چھوٹی باتیں جس پر ہم اپنے بچپن سے پچپن تک کاربند ہیں مثلاً گری ہوئی چیز کو بسم اللہ کہہ کر اٹھانا،رات کو دروازہ بند کرتے وقت بسم اللہ پڑھنا،آیت الکرسی پڑھ کر گرد باندھنا یا وہ بڑی بڑی باتیں جسے دانائی وحکمت کی نشانی سمجھا جاتا ہے ہم نے مولانا عاقل سے سیکھی ہے۔ہم بحمد اللہ سید زادے ہیں اور شکر دیگر کہ نجیب الطرفین بھی،کچھ اور ہم خوبی ہو یا نہ ہو احسان مندی اور خیر خواہی کی خو البتہ ضرور پائی جاتی ہے اور ہم جب بھی اپنے آلودہ جرم ہاتھ اٹھائے ہیں شیخ کامل کے لیے اور آپ کی اولاد و انصار کے لیے دعائے خیر کی ہے۔

مولانا کی زندگی یوں تو بجائے خود ایک بندگی ہے لیکن جس چیز نے انھیں ایک عالم سے منفرد اور یکتائے روزگار رکھا ہے وہ ان کی استقامت ہے۔کیا مجال جو موصوف نے اپنی روش کہن کو خیر باد کہا ہو۔جس رنگ و روغن،راہ وروش،انداز واطوار اور مسلک وفکر کو اختیار کیا اسے کبھی ہاتھ سے جانے نہ دیا۔وہی شرا ۔ہی اوڑھنی کہ جو عنفوان شباب میں شخصیت کا عنوان بنی رہی آج تک سرنامہ حیات بنی ہوئی ہے۔ہم

نے بھی چندے اس طرح کہن کو اختیار ضرور کیا تھا لیکن اس تتبع کو نباہ نہ سکے اور یکسانیت سے گھبرا کر تنوع کی چادر اوڑھ لی عزیمت کو خیر باد کہ کر رخصت کو اختیار کر لیا۔ لیکن مولانا نے شراب رخصت کو چھونا گوارا نہ کیا بلکہ بادۂ سنت کی مستی و سرمستی سے چور دنیا و اہل دنیا کی پرواہ کیے بغیر اوج و عظمت کے جام چڑھاتے رہے اور بحمد للہ تعالیٰ یہ مجذوب سالک و سالک و مجذوب قدوم مصطفیٰؐ کی خاک کو اپنی چشم تر میں لیے دین محمدؐ کا مے کدہ کھولے رندان توسل کو شام و سحر عشق و مستی کے جام پلا رہا ہے۔ حسامیہ منزل کیا ہے ایک ایسا مئے کدہ جو آج پون صدی سے خدمت تقسیم بادہ میں معروف ہے۔ ساقی بدل رہے ہیں شراب وہی ہے پیانے بدل رہے ہیں مئے وہی ہے۔ مئے کشی مئے وہی کی یہ روایت حیدرآباد کے کسی کوچہ نو میں نظر آتی ہے نہ کوئے کہن آثار میں۔

آباد رہے ہر دم ساقی تیرا مے خانہ

سارے جہاں میں دھوم ہمارے کچن کی ہے

یہ تو طے ہے کہ ہم مدت دراز تک باورچی خانے سے ایسے ہی نابلد رہے جیسے موجودہ دور کے اکثر سیاست دان وفا اور وعدہ وفائی سے نابلد ہیں‘ لیکن اس کے یہ معنی ہرگز نہیں کہ ہم پکوان ہی نہیں جانتے۔ ہم پکوان تو جانتے تھے لیکن پکایا کبھی نہیں تھا۔ ہمارا حال ترقی یافتہ ممالک کے ان بہادر سپاہیوں کا سا تھا جو لڑنا جانتے ضرور تھے لیکن لڑا کبھی نہیں تھا۔ شاید یہی وجہ ہو کہ اب ایک ملک دوسرے ملک کے خلاف بلاوجہ کمر بستہ ہو کر اینٹھ سے اینٹھ بجا رہا ہے تا کہ تربیت یافتہ سپاہی چین کی بنسی نہ بجاتے بیٹھیں۔ پکوان کے بارے میں ہمارا عقیدہ ہے کہ مرد کے ہاتھوں کا پکوان جس قدر لذیذ ہوتا ہے خواتین اس کے عشر عشیر تک کبھی نہیں پہنچ سکتیں۔ ہم اپنے عقیدے کے ثبوت میں (حالانکہ عقیدے کے معاملے میں ثبوت درکار نہیں ہوتا بلکہ ہونا بھی نہیں چاہیے) دنیا تمام کے اعلیٰ ترین بلکہ ادنی ترین ہوٹلوں کو پیش کر سکتے ہیں جہاں مرد پکوان کرتے ہیں اور عورتیں انگلیاں چاٹتی نظر آتی ہیں۔ مرد دو مقامات پر اپنا جوہر دکھاتے ہیں ایک تختِ شاہی پر بیٹھ کر‘ دوسرے باورچی خانے میں کھڑے ہو کر۔ ادھر سارا ملک اس کی مٹھی میں ہوتا ہے اور ادھر سارا کچن اس کے دستِ قدرت میں۔ ادھر وہ دشمنوں کے سروں کو تیر و تبر سے کاٹتا ہے تو ادھر تیز چھری سے لیمو‘ پیاز اور مولی کے ٹکڑے ٹکڑے کرتا ہے۔ ادھر میدان کارزار میں خون کی ندیاں بہتی ہیں تو ادھر مرچ کی زیادتی سے کھانے والوں کی آنکھوں سے اشکوں کے دریا بہتے نظر آتے ہیں۔ ادھر وہ دشمنوں کی آنکھوں میں خاک جھونکتا ہے تو ادھر ہانڈی میں ادرک لہسن نمک اور مرچ جھونکتا ہے۔ حکومت کرنا اور باورچی خانہ سنبھالنا ایک جیسے ہی کام ہوتے ہیں بلکہ اگر یہ کہا جائے تو بے جا نہ ہوگا کہ ایک اچھا باورچی ہی ایک اچھی حکومت چلا سکتا ہے۔ لیکن اس کے یہ معنی ہرگز نہیں کہ دنیا میں جتنے لوگ بہتر طور پر حکومت چلا رہے ہیں وہ درحقیقت کوئی نامور باورچی رہے ہوں۔ ویسے اگر نامور باورچی آج نامور حکمران ہے بھی تو وہ

اپنے ماضی کے یہ راز عوام پر کیوں ظاہر کرے گا۔ آخر حکمران کی بھی تو عزت ہوتی ہے۔ خواہ عدالت اسے جرائم کی بنیاد پر جیل کی ہوا کیوں نہ کھلا دے۔ ایسا بھی دیکھا گیا ہے کہ باز حکمران کو جیل کی ہوا کھانے کے بعد ہی اپنی ہوا بنانے میں بلکہ اپنی شخصیت کا ہوا کھڑا کرنے میں کامیاب ہوتے ہیں۔ اب لوگوں کو کیا معلوم کہ مشہور زمانہ فرعون علیہ اللعنہ بادشاہ بننے سے قبل اپنے پیش رو بادشاہ کا باورچی ہی تھا۔

آپ نے ٹی وی پر یہ ضرور دیکھا ہوگا کہ عورتوں کو پکوان سکھانے والا کوئی ماہر مرد باورچی ہی ہوتا ہے جس سے خواتین لذیذ لذیذ بلکہ عجیب عجیب پکوان سیکھتی نظر آتی ہیں۔ پکوان ہی پر کیا منحصر دنیا تمام میں جو چیز بھی سیکھی جاتی ہے اس کا استاد ایک مرد ہی ہوتا ہے' عورت نہیں۔ اب یہ نادانی نہیں تو کیا ہے کہ ساری دنیا کو یہ خبط ہو چلا ہے کہ عورت بھی استاد ہے۔ ہم تو عورت کو استاد ہی نہیں استادوں کی استاد سمجھتے ہیں' لیکن اس میں کوئی شک نہیں استاد عورت کا استاد ایک مرد ہی ہوتا ہے۔ یہ کہا جائے تو شاید بے جا نہ ہو کہ عورتوں کے زیر نگیں کچھ بھی نہیں جو زیر نگیں صرف مردوں کے زیر نگیں ہے۔ خدانخواستہ اس حقیقت کے برملا اظہار سے مذکورات اپنی ہتک محسوس نہ کریں بلکہ دریائے مسرت میں غوطہ زن ہوں کہ مردوں نے عورت کو مدام ملکہ بنا کر اورنگ طمانیت پر لولو و مرجان کی طرح مزین رکھا ہے۔ اب یہ صنف نازک کی نادانی نہیں تو اور کیا ہے کہ اس نے مردوں کے عطا کردہ تختہ عافیت کو چھوڑ کر تختۂ مشقت کو اختیار کرتے ہوئے مردوں کی صف میں اتر آئی ہے' اور پردہ نشینی کے زیور کو اپنے نازک بدن سے اتار کر تکلیف مالا یطاق کے طوق کو اپنے مقدر کا ہار بنالیا ہے۔ چنانچہ حکیم مطلق نے عورتوں کے نان ونفقہ کو مردوں پر واجب رکھا ہے اور عورتوں پر مردوں کا نان واجب ہے کہ نفقہ۔ ہم ان مردوں کو مرد ہی متصور نہیں کرتے جو اپنی نان کے لیے عورتوں کے ایمان پر راضی رہتے ہیں۔ اب یہ ایمان نہیں تو کیا ہے کہ چند ٹکوں کے لیے اسے دن بھر کے لیے اپنی غیرت کو نیلام کرتے ہوئے غیر مردوں کی حوس ناک نگاہوں کے آتش فشاں میں جھونک دیا اور شام ہوئی تو وہ پیاسی آرزوؤں کو چونا لگا کر اپنی آبرو سنبھالے اپنے اڈے پر پہنچ جاتی ہے۔ اور پھر تیس دنوں کی صبر آزما' دہشت آثار اور کرب انگیز رتوں کو گزار کر ایک دن ان تیس دنوں کا معاوضہ لے آتی ہے جسے مرد اپنا حق سمجھ کر خوشی خوشی بیجا خرچ کرتا ہے۔ گو اس سماج میں فرشتہ صفت لوگ بھی ہیں جو ہر عورت کو ماں' بہن اور بیٹی کی صورت میں دیکھتے ہیں لیکن ان کی تعداد کچھ زیادہ ہے جو ہر عورت کو ماں' بہن اور بیٹی ہی

کی صورت میں نہیں دیکھتے۔ انسانوں کو گلہ انسانوں سے نہیں بلکہ انسان نما حیوانوں سے ہوتا ہے۔ غرض ہم نے بھی ایک لائق مرد کی لکھی ہوئی کتاب سے استفادہ کرتے ہوئے پکوان کے طریقے سیکھے اور اسے روبہ کار لاتے ہوئے ایک اچھا باورچی کہلانے کی بھرپور کوشش کی۔ اور اپنے ہاتھ کے نوزائدہ پکوان کھلا کھلا کر اپنے اہل وعیال کو اور احباب کو پہلے نہال، پھر بے حال اور اس کے بعد بدحال کیا۔ اب اگر کھوئے کی خرابی سے Food Poisioning ہو جائے تو غریب باورچی کو تو اس کا ذمے دار نہیں گردانا جاسکتا۔ نیز برتنوں کی خرابی کو خانساماں کے سر نہیں تھوپا جاتا، کبھی کبھی تو ہمیں خود بھی اپنا پکایا کھانا کھانا پڑتا ہے۔ اور اس وقت ہم ان قسمت کے ماروں کو یاد کر لیتے ہیں جنھوں نے بصد اشتیاق ہمارا پکایا کھایا تھا اور بعد میں نتائج سے آگاہ کیا تھا۔ چنانچہ ہمارے ہاتھ کا پکوان کھا کر جانے والے چنو سیٹھ نے گھر جانے کے ایک گھنٹے بعد ہی فون کیا کہ بھائی آخر آپ نے کیا کھلا دیا ہے جو کھایا تھا مع سود کے اگل رہا ہوں۔ آدھے گھنٹے سے میں ہوں اور میرا بیت الخیال ہے۔ مرچ کی زیادتی کا اب احساس ہو رہا ہے۔ کہیں پہ نگاہیں کہیں پہ نشانہ والا معاملہ ہے۔ برق وباراں ہیں، آندھی ہے، اولے ہیں پھر سیلاب ہے۔ ایک باڑھ ہے جو امڈ کر آرہی ہے۔ ان سب باتوں کے سبب نحیف ٹانگوں میں لرزہ ہے۔ اب تو متلی بھی ہو رہی ہے شاید منہ کی باری ہے۔ خدا معلوم آپ نے یہ دعوت کی ہے یا عداوت کی ہے۔ خدا کے لیے اگر آپ کبھی جو خانساماں کے فرائض انجام دیں تو اس غریب کو معاف رکھیے۔ ہم نے کہا اجی صاحب! آپ کو اپنے گھر سے بھلے چنگے بول رہے ہیں، ابھی ابھی مرزا عجیب الہیت بیگ نے اسپتال سے فون کیا تھا بیچارے کو گلوکوز چڑھ رہا ہے لیکن وہ آپ کی طرح کوس نہیں رہا ہے۔ میاں مردوں کے کھانے ایسے ہی ہوتے ہیں، مرد بنو مرد معلوم ہوتا ہے کہ صنف نازک کے ہاتھوں کے کھانوں نے تمھیں بہت نازک بنا دیا ہے۔ شیر کبھی ابالا گوشت نہیں کھاتے، تھرکتی ہوئی بوٹیاں اور لرزتے ہوئے تکّے چباتے ہیں۔ پھر ہم نے انھیں مزید سنبھالا دینے کے لیے اشرف الشعراء کے یہ شعر پڑھے:

تھوڑی سی مرچی پہ کیوں رو رہا ہے
منہ اپنا اشکوں سے کیوں دھو رہا ہے

کیوں اپنی ہمت کو تو کھو رہا ہے
جو تیری قسمت میں تھا ہو رہا ہے

ابھی ہم ٹیپ کا بند پڑھنے ہی والے تھے کہ چنو سیٹھ نے بڑی مجلب میں ریسیور رکھ دیا۔ شاید پھر گھنٹی بج رہی تھی۔ اگر ہمارے کھانے میدے کی اصلاح کے باعث بنتے ہیں اور ادویات کے مُسہل کے بغیر ہی مبارک نتائج برآمد ہوتے ہیں تو لوگوں کو چاہیے کہ ہمیں ماہر فن باورچی کے علاوہ حاذق حکیم بھی جانیں لیکن لوگوں میں اب احسان مندی کی جذبہ ہی کہاں ہے۔ ایک حضرت نے ہمارے ہاں پہلا روزہ کھولا اور ہمارے بنائے دہی بڑے تناول فرمائے۔ ضعیف آدمی تھے' کیا مجال جو اس کے بعد کوئی روزہ رکھا ہو۔ مفتی نے فتوٰی دیا کہ ان کا فدیہ جائز ہے' عید کے دن ملاقات ہوی کو شیر خورمہ چکھا تک نہیں' معطر لگا کر رخصت ہو گئے کہنے لگے بھائی مجھے شوال کے روزوں سے محروم ہونا نہیں ہے۔

غرض جب دھیرے دھیرے ہم نے دنیائے چکن میں اپنا نام روشن کر لیا اور محلے محلے ہمارے پکوان کی قدر و منزلت ہونے لگی اور دانشوروں نے ہمیں ''ڈاکٹر باورچی'' کے خطاب سے نواز دیا تو ہماری شریک حیات کو ہم سے جلن ہونے لگی۔ معاً ہمیں فلم ابھیمان یاد آ گئی جس میں امیتابھ اور جیا بھادری نے میاں بیوی کا رول ادا کیا تھا اور بیوی کی کامیابی پر میاں جلا کرتے تھے' اور یہاں میاں کی مایہ ناز کامیابی پر بیوی جل رہی تھی۔ عورتیں جب جلتی ہیں تو جلی کٹی سناتی بھی ہیں۔ باورچی کو بھی بگھار دینا خوب آتا ہے۔ ہم بھی جلتے تیل پر زیرہ چھڑک دیا کرتے تھے اور اڑتے ہوئے زیرے کے بیج بیگم پر چنگاریوں کا کام کرتے تھے اور ان کی زبان صدق آثار سے خارج ہوتا ہے ملا دو پیازہ اور ہم جواباً ارشاد فرماتے غوغان سگان کم نہ کند رزق گدارا۔

جب ہمارے پکوان کی شہرت ہمارے خاندان سے نکل کر بیگم کے خاندان تک جا پہنچی تو حاسدوں کو مقابلے کی سوجھی۔ فیصلے کے لیے ایک رشوت خور خاتون جج کا فیصلہ ہوا۔ ایک طرف ہم اور ہماری تنہائیاں اور دوسری طرف ہماری بیگم اور ہماری سالیاں۔ جسے خدا رکھے اسو کون چکھے۔ ہمارا تو دعوی ہے کہ اگر ایک طرف سارا ہندوستان ہو اور دوسری طرف رفا یک مرد ہو تو جیسے کہ عقلاء ارشاد فرماتے ہیں

کہ یہ ایک مرد سارے ہندوستاں کے لیے کافی ہے۔ کیوں کہ مرد جو لال و جاہر ہیں وہ عورتوں میں کہاں ۔لغت اردو گواہ ہے کہ مرد میدان ،مرد خدا اور مرد کارزار جیسے القابات میں عورت کا کوئی حصہ نہیں ۔مولانا الطاف حسین حالی نے بھی تو یہی ارشاد فرمایا ہے۔مرد ہو تو کسی کے کام آؤ۔کیوں کہ وہ خوب جانتے تھے کام آنے والی شے صرف معدہ ہی کی ذات ہے۔رہی عورت تو وہ کام کے نتائج برآمد کرتی ہے۔خدا نے بھی تو ''الرجال قوامون علی النساء'' ارشاد فرما کر صداقت وحقانیت کی مہر ثبت فرمادی ہے۔یہاں تو ایک شریف مرد کے مقابلے میں ذات شریف قسم کی کچھ مستورات تھیں ۔شکست کھانا باورچی کی لغت میں نہیں ۔بلکہ باورچی کے ہاں سرے سے کوئی لغت ہی نہیں ہوتی ۔وہ حسب موقعہ اپنی لغت آپ تیار کر لیتا ہے۔ظاہر ہے کہ جو کھلاتا ہے وہ کھاتا نہیں ۔اللہ میاں کو دیکھیے ساری دنیا کو کھلاتے ہیں لیکن خود کبھی کچھ کھاتے نہیں۔یہ بات تو ہم خود اللہ میاں کی قسم کھا کر کہ سکتے ہیں۔اس لحاظ سے کھلانے والا بزرگ ہوتا ہے۔اسی لئے ہمیں ماں باپ کا احترام کرنے کا حکم دیا گیا ہے کیوں کہ وہ بھی ''چھوٹے رب'' ہوتے ہیں۔

مقابلہ کے لیے'' کھچڑی کھٹا اور دم کا قیمہ'' رکھا گیا ہم ۔نے بسم اللہ کی اور دل کھول کر اپنے جن کا مظاہرہ کیا۔پکوان جب سامنے آیا تو محض کھچڑی کی مست کردینے والی خوش بو ہی سے جج صاحب کے ہوش اڑ گئے ۔ہمارا تجربہ ہے کہ علم کی خوشبو سے بھی ججوں کے ہوش اڑ جاتے ہیں لیکن رشوت خوری ہندوستان میں کہاں لائقوں کو پنپنے دیتی ہے۔ہم نے بازار علم وفن میں مدام کھوٹے سکوں ہی کا چلن دیکھا ہے۔سونے چاندی کے کھنکتے سکے گمنامی کے ویرانوں میں مایوسیوں کا کفن اوڑھے مصروف آہ وفغاں ہیں، نہ کوئی ان کی پکار سننے والا ہے نہ کوئی فریاد رس ہے۔خود باغبانوں نے جب گل ہائے شگفتہ کو اپنے قدموں تلے روند دیا اور جان بوجھ کر انجان بن بیٹھے تو زاغ وزغن کی بن آنا عین فطری بات ہے۔بلبل وقمری اب بہاروں کی آمد کے گیت نہیں گاتے بلکہ خزاں کے نوحے پڑھتے ہیں۔گلشن گیتی میں سفارشوں کی کچھ ایسی آندھیاں چل رہی ہیں کہ فکروفن کے پھول کھلتے ہیں نہ علم وشعور پر بہار آتی ہے۔گل ہائے قرطاس نے اپنا سکہ جما رکھا ہے۔لالہ وگل خاک کے تودوں کے نیچے کشمکش حیات سے نبرد آزما ہیں ۔جب مینارہ نور کے نصیب میں یہ تاریکیاں ہوں تو بے چارے باورچی کی کیا دال گلے گی سعدی شیرازی نے جو شعر اپنے

وقت کے کرب پر کہا تھا وہ شعر آج کامل طور پر صادق آتا ہے۔

اسپ تازی شدہ مجروح بہ زیر پالاں　　　طوق زرین ہمہ در گردن خری بینم

وہی ناانصافیاں جو ہر ہندوستانی کا مقدر ہے، یہاں بھی کام آئیں۔خاتون جج نے ہماری کھچڑی کو چکھ کر علامہ اقبال کے شہرہ آفاق مصرعہ کو قدرے تبدیلی سے یوں پڑھا۔

وجودِ زن سے دنیا کے ہر کچن کا رنگ

اور ہم نے ایک شریف شوہر کی طرح اپنی بیوی سے شکست کھالی۔لیکن ہم بھی ''تیمور لنگ'' سے کم نہیں، وہاں تشویق و درس کے لیے ایک چیونٹی تھی اور یہاں دنیا کے مکوڑے تھے۔چنانچہ آج تک ہم اپنی قسمت کے دانے کو منہ میں سنبھالے بامِ عروج پر پہنچنے کی کوشش کر رہے ہیں، اور شاید یہی ہماری کامیابی ہے۔

یادشت بخیر پہلی دفعہ ہم نے مجبوری کے عالم میں پکوان کیا تھا۔ہندوستان میں ایک مرد کو مجبوری کے عالم ہی میں پکوان کی سوجھتی ہے اور یہ مجبوری عموماً بیوی کی غیر حاضری ہی میں ظاہر ہوتی ہے۔اب تو بحمد اللہ پکوان کے ماسٹر ہیں' خواتین کو درس دستر دے سکتے ہیں۔ایک وہ بھی کیا دن تھے کہ گھنٹوں گھنٹوں پراٹھوں کے انتظار میں چپاتی کی صورت بنے بیٹھا کرتے تھے۔منتظر ہیں کہ انڈا تلا جا رہا ہے اور شدت انتظار کہہ رہی ہے کہ انڈا مرغی دینے کے بعد تلا جائے گا اور انڈا دینا شاید مرغی کے موڈ پر منحصر ہے۔وہ دن جب یاد آتے ہیں تو انڈا منہ کو آتا ہے۔ہمارے محبوب پکوان میں چکن بریانی' مٹن بریانی' چکن کری' چکن ٹکا' چکن مسالہ' مٹن مسالہ' اماڑا چکا' خرفے کی کٹکی' ایرانی پلاؤ' افغانی پلاؤ' خوبانی کا میٹھا' بگھارے بیگن' دہی کی کڑی' دو گوشتہ ہریس' عربی حلیم' سوکھے کریلے' دم کا خیمہ' مرغ مسلم' سیخ کے کباب' شامی شکمپر' آلو کے پراٹھے' خیمہ میتھی اور گردہ سویا ہیں۔لیکن کدو کی کھیر سے دہی کی چٹنی تک سب کچھ بنا سکتے ہیں اور کھانے والے صاحب نصیب ہوں تو کھلا بھی سکتے ہیں۔ہم کھلے دل کے آدمی ہیں صاف صاف کہتے ہیں کہ اگر آج ہم سرکاری مدرسے میں اردو پنڈت نہ ہوتے تو کسی فائیو اسٹار ہوٹل میں ہیڈ باورچی ضرور ہوتے۔آپ نے ضرور سنا ہوگا کہ کتے کو کھیر نہیں پچتی لیکن ہماری کھیر کتے بھی بہت شوق سے پچا لیتے ہیں۔کھا کر تو

دیکھے کوئی مانگ مانگ نہ کھائیں تو ہمارا بھی نام نہیں۔ زردہ ایسے بناتے ہیں کہ زندگی بھر عرفان نہ ہو۔ ہمارے ہاتھ کی کھٹی دال کھانے والے مرد ہوں یا مستورات ہمیشہ امید سے رہتے ہیں۔ اگر کسی کو محض خشکہ ہی کھلا دیں تو اس کی حیات سے خشکی خارج ہو جائے اور شگفتگی داخل ہو جائے جو ہماری اچھالی ہوئی رومالی روٹی لے لے خوشحالی اس کا مقدر ہو جائے۔ خدا جھوٹ نہ بلوائے لوگ لندن اور پیرس سے آتے ہیں اور کیا مجال جو واپس جانے کا نام لیتے ہیں۔ بعض حسیناؤں کو ہماری بنائی ہوئی طبریزی چائے ہی سے کچھ ایسا نشہ چڑھا کہ مت پوچھئے' جب نشہ اترا تو وہ ہماری شریک حیات تھیں۔ یہ دیکھ کر لوگ ہم سے جلتے ہیں اب انھیں کیا معلوم کہ:

سیکھے ہیں مہ رخوں کے لیے ہم چکن کری

خدا گواہ ہے کہ یہ جو ہر ہم میں یوں ہی پیدا نہیں ہوئے۔ باورچی خانے میں ہم نے خوب پاپڑ بیلے ہیں۔ استاد باورچیوں کی جوتیاں سیدھی کیں ہیں۔ علم ہو کہ فن بغیر ادب کے اس کی تحصیل ممکن نہیں۔ اسی لیے تو سعدی نے فرمایا تھا:

از خدا خواہیم توفیق ادب

بے ادب محروم ماند از فضل رب

چنانچہ آج ہم نے جو پایا ہے خواہ وہ فن کی شکل میں ہو کہ علم کی شکل میں وہ سب اپنے استادوں کے ادب و احترام کے نتائج ہیں ورنہ من آنم کہ من دانم ادب کے ساتھ کفگیر سے شمشیر کا کام لیا ہے' بیلن کو مگدر کی طرح گھمایا ہے' چمٹے سے شعلے پکڑے ہیں' نظر سے بگھار دیا ہے' الٹے توے پہ روٹیاں سینکیں ہیں' پیاز کاٹ کاٹ کر آنکھوں سے دریا بہائے ہیں تب کہیں جا کر لوگ انگلیاں چاٹنے کے موقف میں آئے ہیں۔ تاہم یہ کہے بغیر چارہ نہیں کہ فی زمانہ کھانوں سے وہ پہلا سا لطف جاتا ہے۔ خدا گواہ ہے کہ آج کے مرغ و ماہی میں کل کی دال کا مزہ نہیں' چنانچہ آج ہم کل کے محاورے گھر کی مرغی دال برابر کو آج کی مرغی دال برابر کہا کرتے ہیں۔ گزشتہ دنوں جب دال بگھاری جاتی تھی تو اس کی خوشبو سے بھوک میں زبردست

اضافہ ہوجاتا تھا۔اب جو دال بگھاری جاتی ہے کمبخت بھوکی مرجاتی ہے۔ ہمارا عقیدہ ہے کہ پکوان کی بے لطفی اعمال کا خمیازہ ہے۔ باورچی کو قصوروار ٹھہرانا باورچی اور باورچی خانہ دونوں کی شان میں گستاخی ہے۔ جولوگ سحر خیز نہیں ان کے دستر لطف انگیز نہیں۔'' یمنع الرزق '' کے معنی مقدار رزق پر ہی محمول نہیں۔ وحی غیر متلو کے معانی اور بھی ہیں' ویسے کھانے کا مزہ کھلانے والوں کی نیت پر ہوتا ہے۔میزبان کی نیت خراب' مہمان بدہضمی کا شکار' میزبان کی نیت میں فراخی' لطف اندوزی اور سیر چشمی۔ہم تو پاپڑ توڑ کر کھچڑی کا مزہ کہہ دیتے ہیں۔روٹی کو چھو کر سالن میں اتر جاتے ہیں۔وہ نظر ہی کیا جو شامی سے یہ نہ اگل دالے کہ وہ چھوٹے کی ہے یا بڑے کی۔وہ آنکھ ہی کیا جو کٹلس کے اندر کے قیمے کو نہ دیکھ لے۔وہ جوہر ہی کیا جو دستر کو دیکھ کر پکوان کا اندازہ نہ کرلے۔یہ فن ہر ماہر فن باورچی میں ودیعت نہیں ہوتا۔اس عمیق نگاہی کے حصول کے لیے بلا کی ریاضت درکار ہوتی ہے۔دنیا میں کوئی ریاضت ایسی نہیں جو نتائج سے محروم ہو۔ظاہر ہے کہ دستر ہو کہ بستر الطاف و کوائف کے لیے تبدیلیاں متقاضی ہوتی ہیں اور تبدیلیوں کے خاتم نمراد حاصل نہیں کرسکتے۔محض جاپان اور چین کے دیدہ زیب ظروف نے شرف تناول سے لطف طعام حاصل نہیں ہوتا۔یہ نعمت تو خدا کے نام سے حاصل ہوتی ہے۔نہ ہمیں ابتدائے طعام کی دعائیں یاد نہ انتہائے طعام کے اذکار۔جب ہمیں اپنے دستر ہی کی دعائیں یاد نہیں تو یہ کہاں یاد ہوگا کہ میزبان کے دستر پر کیا دعا کی جانی چاہیے۔ہم ہیں کہ لایعنی گفتگو سے طعام کی ابتدا کرتے ہیں اور کفران پر انتہا۔یہی سبب ہے کہ برکت اور لذت دونوں سے محروم ہیں۔مستزاد یہ کہ ہم نہ خدا کی نعمتوں پر غور کرتے ہیں نہ انواع واقسام کے کھانوں پر شکر۔نہ ہمیں کھانے کے آداب سے واقفیت نہ ہم طعامی کے طرائق سے خبرداری۔نہ ہم دستر پر ایثار کے خوگر نہ بستر میں انوار کے جویا۔بے لطفی مقدر نہ ہوگی تو اور کیا ہوگا' چاہتے ہیں کہ پیٹ اور پلیٹ دونوں بھرے رہیں اور عقلا کے ہاں یہی باعث عدم کیفی ہے۔احمقوں کے ہاں زیادتی باعث لطف و کیف اور دانشوروں کے ہاں برکتوں کا نزول باعث انبساط۔ہم جب دستر پر ہوتے ہیں آمنے دیکھتے ہیں نہ سامنے' آزو دیکھتے ہیں کہ بازو' ہماری زبان پر ایک ہی احمقانہ نعرہ ہوتا ہے'' ہٹ بازو آیا ترازو'' اور جو کچھ کے آگے دھرا ہوتا ہے وہ قاب خویش میں نظر آتا ہے۔ہم اس بات سے واقف ہی نہیں کہ مظلوم کی آنکھیں جادوگری کرتی ہیں اور محروم کی نگاہوں میں سحر ہوتا ہے۔سنتے ہیں کہ کتے کو کھیر نہیں پچتی۔بعض

انسانوں کو تو کچھ بھی نہیں پچتا۔ پچانے والے حلال کے دو لقمے پچا لیتے ہیں اور اگلنے والے دعوت کی دعوت اگل دیتے ہیں۔ شاید کچھ ایسا ہی موقع تھا جس پر اقبال نے کہا تھا:

اے طائر لاہوتی اس رزق سے موت اچھی
جس رزق سے آتی ہو پرواز میں کوتاہی

ہمارا خیال ہے جو دستر کا خوگر ہے اسے دستر کی نزاکتوں سے بھی واقف ہونا ضروری ہے اور ناواقف نادانوں کو بحیلہ لطیف واقف بھی کروانا چاہیے۔

ہمیں وہ دن بھی اچھی طرح یاد ہے جب ہم پکوان سے نابلد تھے۔ نہ مقدارِ مرچ سے واقف تھے نہ مقدار نمک سے، نہ ادرک سے علاقہ تھا نہ لہسن سے تعلق، حد تو یہ تھی کہ دانہ الائچی کو "دانہ الائچی" پڑھا کرتے تھے۔ سبزیوں کے نام معلوم تھے نہ مسالوں کے اقسام، نہ پھلکے اور پراٹھوں میں فرق کرتے تھے نہ قبولی اور بگھارے کھانے میں تمیز۔ یہ ان دنوں کی بات ہے جب ہماری نئی نئی شادی ہوئی تھی اور بیگم کسی بات پر خفا ہو کر میکے چلی گئیں تھی۔ اللہ کا دیا بیوی کے بغیر بھی بہت کچھ تھا۔ مثلاً آٹا، نمک، میٹھا تیل، گردا بیلن، پھکنی چمٹا، چولہا، گیاس کا تیل اور کاڑی کی ڈبیا وغیرہ وغیرہ۔ قسمت اچھی تھی مرغی نے انڈے بھی دے رکھے تھے۔ یہ اس دور کی بات ہے جب گیاس کے چولہے اتنی وافر مقدار میں متوسط طبقے کو حاصل نہیں تھے۔ چولہے سے چولہا سلگانا پڑتا تھا اور پھکنی سے چولہا پھونک پھونک کر جلانا پڑتا تھا۔ خواتین ایسے مواقع پر آنسو بہایا کرتی تھیں لیکن ان دنوں ان مبارک کاموں کے طفیل خواتین کی آنکھیں اور پھیپھڑے دونوں صحت مند رہا کرتے تھے اور مردوں کو لکڑی کی دھیمی آنچ مزیدار کھانے ملا کرتے تھے۔ غرض ہم نے آٹا بھگویا اور پوری توانائی سے گوندا، شربت گیہوں کا آٹا مانو کیگر کا گوند ہوتا ہے افلاس کی طرح چمٹ جاتا ہے اور غربت کی طرح لپٹ جاتا ہے۔ ہم نے جب اپنے ایک ہاتھ سے دوسرے ہاتھ کو آزاد کروانے کی کوشش کی تو دوسرا ہاتھ بھی آٹے کا اسیر بن گیا یعنی ایک نہ شد دو شد۔ خدا خدا کر کے جب آٹے کے دلدل سے ہاتھوں کو گلو خلاصی ملی تو پیڑے بنا کر روٹی بیلنے کی مشق شروع کردی۔ حالانکہ ہم نے خشکی وافر مقدار میں لی تھی جیسے حسین عورتیں اپنے چہرے کے لیے پاؤڈر لیا کرتی ہیں لیکن پیڑا تھا کہ بیلن سے الگ ہونے

کا نام نہ لیتا تھا۔ اب جو ہم نے ذرا بیلن کو زور دیا تو گردے پر ایک بھدے الف کی شکل ابھر آئی' روٹی کی شکل گول ہو یہ بھوکوں کے لیے ضروری نہیں' نومشق کے ہاتھوں روٹی تو ہندوستان کی ہمشکل بھی ہو سکتی ہے بلکہ اور کوشش کی جائے تو ہندوستان جاپان کی شکل بھی اختیار کر سکتا ہے۔ غرض ہم نے جو روٹیاں پکائیں وہ دنیا کے تمام ہی ملکوں کی نمائندگی کرتی تھیں۔ ایک چھوٹا سے پیڑا باتی بچ گیا تو ہم نے اسے بھی بیل دیا اور جب وہ توے پر سے اترا تو اس کی شکل سری لنکا سے بہت ملتی جلتی تھی۔

یہاں اس بات کا تذکرہ بے جا نہ ہوگا کہ جب ایک نومشق شوہر پیڑے بیلتا ہے تو وہ مختلف ممالک کے نقشے بناتا ہے لیکن جب یہی پیڑا تجربہ کار' وفا شعار بیوی بیلتی ہے تو سارے ملک ایک ہو جاتے ہیں اور دنیا گول دکھائی دینے لگتی ہے۔ نومشقوں نے ہمیشہ ہی اس دنیا کے ٹکڑے ٹکڑے کئے ہیں لیکن تجربہ کار' جہاندیدہ اور فرلیس شخصیتوں نے ان ٹکڑوں کو جوڑ کر ساری دنیا کو ایک کرنے کی کوشش کی ہے۔ روٹی ہے ہی ایسی چیز کہ آج ساری دنیا اسی مسئلے سے دوچار ہے۔ روٹی کا مسئلہ اکتفا و ایثار سے حل ہوتا ہے۔ تحریص و تصنیع سے نہیں۔ اب بھی دیکھیے کہیں لوگ نوالے نوالے کو ترس رہے ہیں تو کہیں نوالے لوگوں کو۔ کہیں ایک خوشہ گندم کو قیامت کی بھیڑ ہے تو کہیں خرمن کا خرمن بے مصرف پڑا سڑ رہا ہے۔ کہیں موش و کرم دعوت کے مزے لوٹ رہے ہیں تو کہیں پھینکی ہوئی روٹیوں پر انسان کتوں کی طرح جھپٹ رہے ہیں۔ خدا نے ہمیشہ روٹی زیادہ اور انسان کم بنائے ہیں اور انسان یہ سمجھتا ہے کہ روٹی کم ہے اور انسان زیادہ۔ آدمی کو غور کرنا چاہیے کہ اس کے دونوں ہاتھ ایک بیج بوتے ہیں اور خدا اس ایک بیج سے لاکھوں بیج پیدا کرتا ہے اور ہر بیج میں اربوں بیج کے پیدا کرنے کی صلاحیت ہوتی ہے۔ جب انسان کی نگاہیں آسمان کی بلندیوں سے لوٹ کر اپنے ظرف کی تنگیوں میں گم ہو جاتی ہیں تو اس کی فکر لامحدود' نقطۂ پرکار کی صورت اختیار کر لیتی ہے اور وہ روٹی کے حل کے لیے معصوم انسانوں کو کم کرنے کی کوشش کرنے لگتا ہے۔ وہ افتادہ و بے اندازہ زمین پر ہل نہیں چلاتا بچوں کے وجود پر خنجر چلاتا ہے۔ دماغ کو تو کام میں نہیں لاتا البتہ معدہ کو سر میں رکھ کر فیملی پلاننگ کا نعرہ لگاتا ہے۔

غرض ہم نے اس وقت جو پہلی روٹیاں پکائی تھیں وہ ہماری نومشقی کی غمازی کر رہی تھی۔ پتہ نہیں

ہم نے ان روٹیوں کو کچھ زیادہ سینک دیا تھا یا آنچ ہی کچھ زیادہ ہوگئی تھی۔ اکثر روٹیاں ہماری طرح روسیاہ تھیں۔ انڈے کی خبر جو لی تو وہ توے سے چپک گیا جیسے نا اہل لوگ حکومت کی گدی سے چپک جاتے ہیں کسی قیمت پر گدی چھوڑنے کا نام ہی نہیں لیتے۔ خواہ عدالت عالیہ ہی سے ان کی نا اہلی کا پروانہ ہی کیوں نہ نکل جائے۔ خدا کا نام لے کر ہم نے جلی ہوئی روٹی سے چپکے ہوئے انڈے کو کھرچ کھرچ کر کھایا اور ہر نوالے پر توبہ کی کہ اب بیوی کو خفا نہ کریں گے لیکن آج تک توبہ شکنی جاری ہے۔ لیکن اس کا فائدہ یہ ہوا کہ ہم نے پکوان کے میدان میں اپنا نام روشن کیا اور آج

ہندوستان میں دھوم ہمارے کچن کی ہے

جادوگر سیاں

حیدرآباد فرخندہ بنیاد میں جہاں لیڈروں اور شاعروں کی بہتات ہے وہیں ''عاملین'' کی بھی خاصی تعداد پائی جاتی ہے۔ لیڈر ہوں یا شاعر یا پھر عاملین ان میں یقیناً حقیقی بھی ہیں اور جعلی بھی۔ جیسے کچھ لیڈرس واقعی قوم کے ہمدرد، غم گسار اور رہنما ہوتے ہیں اور کچھ مال و زر کے رسیا، موقع پرست اور قوم دشمن ہوتے ہیں۔ یہ بات اہل فن خوب جانتے ہیں کہ حقیقی شاعر وہ ہوتے ہیں جنہیں قافیہ اور ردیف کا علم ہوتا ہے۔ اوزان و بحور کا پتہ ہوتا ہے۔ طبیعت موزوں ہوتی ہے۔ یہ لوگ شعر کہتے ہیں ''شعر'' سازی نہیں کرتے۔ صلہ و ستائش کی آرزو کے بغیر زبان و ادب کی خدمت میں ہمہ تن مشغول رہتے ہیں۔ اور کچھ نام نہاد شاعر در حقیقت متشاعر ہوتے ہیں۔ دوسروں کا کلام ترنم سے پڑھ کر داد اور لفافے دونوں لوٹتے ہیں۔ متشاعر حضرات میں خاصی تعداد شاعرات کی ہوتی ہے جو آواز کے علاوہ ''ساز'' بھی خوب رکھتی ہیں۔ ان متشاعر لوگوں کو نہ تذکیر کی خبر ہوتی ہے نہ تانیث کی۔ حشو و زوائد کی اطلاع ہوتی ہے نہ اوزان و بحور سے علاقہ۔ نہ یہ بحر رمل سے واقف ہوتے ہیں نہ بحر کامل سے۔ نہ انہیں زبر کی اطلاع نہ بینات کی۔ دوکان شاعری کا وہ عالم کہ قیامت خیز ہے۔ کبھی ہم جو کہتے ہیں کہ قبلہ مصرع گر رہا ہے تو سنجیدگی سے فرماتے ہیں حضرت اٹھا لیجیے اور پھر اقبال کا سہارا بھی لیتے ہیں کہ ''مزہ تو جب ہے کہ گرتوں کو تھام لے ساقی''۔ ایسا ہی کچھ حال عاملین حضرات کا بھی ہے۔ ان میں جو پارسا، نیک اور عالم و کامل حضرات ہیں ان کا کیا پوچھنا۔ در حقیقت یہ باخدا لوگ قوم کے خدمت گزار ہیں، ان ہی کے دم قدم سے تو شیاطین ''فِفرد'' ہوتے ہیں، ان ہی کے عمل و عملیات سے معصوم لوگ ارواح بد سے چھٹکارا حاصل کرتے ہیں۔ متاثرین کے اثرات دور ہوتے ہیں۔ کام سے گیا ہوا آدمی کام پر لگ جاتا ہے۔ برہنہ لوگ کپڑے پہن لیتے ہیں۔ دیوانے سیانے ہو جاتے ہیں۔ میاں بیوی کے درمیان کی بے وجہ لڑائیاں ختم ہو جاتی ہیں۔ گمراہ ہدایت پا لیتے ہیں اور

بھانا متی کا سارا مکروہ کھیل "the end" تک جا پہنچتا ہے۔ رات کی سیاہ تاریکیوں کے بعد گویا روز روشن طلوع ہو جاتا ہے۔

انہیں بزرگ عاملین اور خدا رسیدہ مرشدین میں کچھ ''جعلی عاملین'' ایک خاص حلیہ کے ساتھ شامل ہو جاتے ہیں اور روپیہ پیسہ کے لیے اپنے مکروہ چکر چلانے لگتے ہیں۔ بچھو کا تو منتر یاد ہے نہیں اور لگے ہیں سانپ کے بل میں ہاتھ ڈالنے۔ شیطان تو انسان کا ازلی دشمن ہے۔ انہ لکم عدو مبین۔ یہ ان کے ساتھ شامل ہو کر وہ گل کھلاتا ہے کہ توبہ ہی بھلی۔ نادان لوگ بچوں کے دروازوں کو خیر باد کہہ کر ان مکار، جعل ساز اور فریبی انسانوں کے ہاتھوں کھلونا بن جاتے ہیں۔ یہ لوگ پہلے ان کی نفسیات سے کھیلتے ہیں، پھر ان کی دولت سے کھیلتے ہیں، پھر عصمتوں کا نمبر آتا ہے، یہ عاملین شیطانوں کو تو اتارتے نہیں البتہ خود صورت ابلیس چڑھ جاتے ہیں۔ ظاہر ہے کہ اگر انسان پر شیطان چڑھ جائے تو اترنے کی امید بھی ہے لیکن جب ایک انسان پر دوسرا انسان چڑھ جائے تو اترنے کا دور دور تک امکان باقی نہیں رہتا۔ وہ دھوکے جو جناب ابلیس کو بھی نہ سوجھے ہوں گے ان شیاطین الانس کو سوجھتے ہیں۔ شرک و بدعت، ضلالت و گمرہی، ناپاکی و ناشائستگی، اعمال بد و اعمال اسفل غرض ہر وہ چیز جو اللہ اور اس کے رسولؐ کو ناپسند ہے، ان کے ہاں بہ درجہ اتم پائی جاتی ہے۔ ان لوگوں کو نہ قرآن سے سروکار ہوتا ہے نہ حدیث سے، نہ انہیں فقہ سے مطلب ہوتا ہے نہ مسائل سے۔ التحیات یاد نہیں اور لیمو اتارے جا رہے ہیں۔ دعائے قنوت پڑھ نہیں سکتے اور دھواں دے رہے ہیں۔ طہارت کے مسائل نہیں معلوم اور حاضرات دیکھ رہے ہیں۔ خواتین تو بے چاری ہوتی ہی ضعیف الاعتقاد ہیں۔ بس ایک چھو میں زلفیں کھولے جھومنے لگتی ہیں۔ ہم سوچتے ہیں کہ وہ ''صنف نازک'' جو خود سراپا جادو ہوتی ہیں کون کم بخت ان پر جادو چلائے گا۔ نگاہ ناز کے ٹونے تو اچھے اچھے جادو گروں کی جادو گری ختم کر دیتے ہیں۔ رمز و ادا کا سحر تو فرشتوں کو بہکا دے آدمی کیا چیز ہے۔ لہراتی ہوئی سیاہ زلفیں عقلا کی آنکھوں کے سامنے سیاہی دوڑا دے۔ مستانہ چال کہ زہاد صراط مستقیم سے بہک جائیں۔ ہوش ربا تبسم کہ متقی بھی گنہ گار ٹھہرے۔ ایسی جادو گرنیوں پر کون جادو کرے گا اور کون ٹونا مارے گا۔ ایسا جھوٹ بولتے ہیں کہ سچائی ہوش بھو دے۔ ان کی زبان پر ایک ہی فقرہ ہوتا ہے بی بی تم پر کسی نے چوٹ چلائی ہے۔ کوئی تمہارا دشمن ہے؟ اب کون ہے کہ جس کا اس بھری دنیا میں دشمن نہ ہو۔ عورتیں تو دوستوں کو بھی تو دشمن سمجھتی

ہیں۔ادھر انہیں نے حامی بھر لی اور ادھر ملانے جیب۔میاں نے جو حوالے کے ذریعہ کمایا تھا ایک ہی جھٹکے میں ملا کے حوالے ہو گیا۔ویسے بھی روپیہ جس راستے سے آتا ہے کہتے ہیں کہ اسی راستے سے واپس بھی چلا جاتا ہے۔جب ملا موکل سے گفتگو کرتا ہے تو موصوف کے رٹے ہوئے ڈائلاگ رامسے برادرس کی ڈراؤنی فلموں کی یاد تازہ کر دیتے ہیں۔حضرت جو خود اچھے خاصے شیطان ہوتے ہیں شیطان سے ہم کلام ہوتے ہیں۔اس بیچارے کو ایسے دھمکاتے ہیں گویا کوتوال چور کو یا پھر موجودہ زمانے کا چور کوتوال کو ڈانٹ رہا ہو۔یہ ڈرامہ کسی ایک کے لئے مخصوص نہیں ہوتا۔جو آتا ہے وہ یہی راگ پاتا ہے۔ہلدی کی گرہ دے دی کہ اوکھلی میں رکھیو دشمن کے موسل پڑیں گے۔گنڈا دیا کہ ناف کے نیچے باندھیو دشمن صاف ہو جائے گا۔یہ پانی شوہر کو پلا دو کتے کے پلے کی طرح زندگی بھر دم ہلاتا رہے گا۔یہ شکر ساس کی چائے میں ملائیو مرتے دم تک چکر سے نہ نکلے گی۔یہ تعویذ ہری ٹہنی سے باندھ دیجیو نند تمہارے پلو سے بندھی رہے گی۔بی بی جادو گرسیاں سے پوچھتی ہے صاحب کتنے روپے؟ صاحب کہتے ہیں کہ اماں دوسروں سے اس عمل کے ہزاروں لیتا ہوں تم اپنی ہو تم سے کیا لوں بس پانچ ہزار دو سو دو روپے نذرانہ دیدو۔تماشہ ختم پیسہ ہضم۔بہر صورت یہ "جادو گرسیاں" لوگ جھاڑ پھونک کے بہانے ان کی زندگیوں میں زہر گھول دیتے ہیں۔گنڈے تعویذ' فلیتے' نھاون' کھندلا' گزت' کرتوت' سایہ سپٹ' اثرات' ٹوٹکا' صدقہ' اتارا۔۔۔۔ایک عنوان ہو تو بیان کیا جائے جو عنوان انہیں میسر آ جائے اسی عنوان پر ایک اچھا سا افسانہ گھڑ دیتے ہیں۔ہینگ لگے نہ پھٹکوی اور رنگ چوکھا۔یہ لوگ پہلے خواتین پر لیمو اتارتے ہیں پھر انہیں شیشے میں۔زاں بعد ایسے کارہائے سیاہ پرورش پاتے ہیں کہ شرم سے حیات پانی پانی ہو جاتی ہے۔انہیں اس دن کا خوف ہی نہیں جس دن ہر "عامل" سے اس کے عمل سے متعلق باز پرس ہو گی۔انہیں اس کی اطلاع ہی نہیں کہ "سفلی عمل" کرنے اور کروانے والے دونوں کو جہنم میں داخل کر دیا جائے گا۔انہیں معلوم ہی نہیں کہ مذہب اسلام نے نامحرم عورتوں کو چھونا تو کجا، انہیں دیکھنے سے تک منع کیا ہے۔قل للمومنین یغضوا من ابصارھم۔

خود ساختہ عاملین اور جعل ساز مرشدین کے چہرے دھوکے بازی کے سبب لعنت زدہ ہوتے ہیں' جیسے بے حیا لیڈروں اور بے شرم شہدوں کو بآسانی پہچان لیا جاتا ہے۔بعینہ بے ایمان عاملوں اور بدکردار ملاؤں کو لاکھوں میں پہچان لیا جاتا ہے۔ان میں تو بعض وہ غنڈہ عناصر روڈی شیٹرس اور غیر سماجی لوگ

ہوتے ہیں جو ضعیفی کے سبب ڈاکہ، چوری، مارا ماری نہیں کر سکتے بیٹھی بجگہ معصوم لوگوں کو ٹھگنے کا کالا کاروبار شروع کر دیتے ہیں اور ''جعلی عملیات'' کی دوکان کھول لیتے ہیں اور آرام سے گھر بیٹھے دھوکے کی روٹی کھاتے ہیں۔ یہ نہایت ڈھٹائی سے کارہائے شکم اور اگر موقع مل جائے تو کارہائے ماورائے شکم انجام دیتے رہتے ہیں۔ جوان کے چنگل میں پھنس جاتا ہے وہ بلبل ناشاد کی طرح پھڑ پھڑاتا ہے لیکن آزاد نہیں ہو پاتا۔ اپنی عصمتوں کو لٹانے والی شخصیتیں کہاں اپنی کہانیاں بیان کرتی ہیں۔ یہ مکار بلیوں کی طرح اپنا کیا آپ چھپانے ہی میں اپنی عافیت جانتی ہیں۔ اور ملائے مسندوں پر عیش کرتے نظر آتے ہیں۔

جیسے شہر میں خود ساختہ ڈاکٹرس اپنے جعلی کام میں مصروف ہیں اور کچھ کچھ ڈاکٹرس کیفر کردار تک پہنچتے ہیں اسی طرح یہ خود ساختہ عاملین بھی برسرکار بد ہیں اور کوئی کوئی اپنے انجام بد تک پہنچایا پہنچادیا جاتا ہے اور پھر معصوم عوام کو اخبار کے ذریعہ اطلاع ملتی ہے کہ فلاں بابا کا اصلی روپ کیا ہے۔ فلاں مرشد کا حقیقی چہرہ کیا ہے۔ فلاں حضرت کتنے ''حضرت'' واقع ہوئے ہیں۔ چنانچہ اذہان مضطرب یہ پڑھ کر آسودگی پاتے ہیں کہ اب یہ حضرات آہنی سلاخوں کے پیچھے اپنا جادو جگا رہے ہیں۔ اور جو دھڑلے سے لوگوں کو شیشے میں اتارا کرتے تھے وہ خود شیشے میں اتر گئے ہیں۔ اللہ رکھے بعض بیدار مغز اخبارات یہ نیوز شائع کرتے ہیں کہ "baba is fraud"۔

اللہ خیر کرے پتہ نہیں کیا بات ہوگئی ہے ہم جب سے یہ مضمون لکھ رہے ہیں ہول اور گھبراہٹ سے دوچار ہیں' کچھ سوچتے ہیں تو آنکھیں اپنے آپ بند ہورہی ہیں۔ بولتے ہیں تو ہونٹ مل رہے ہیں۔ چلتے ہیں تو ٹانگیں آگے پیچھے ہورہی ہیں۔ وہ دیکھیے کہیں سے لیمو آ گرا ہے۔ ضرور کسی نے ہم پر چوٹ چلائی ہے۔ شاید کرتوت بھی کروا رہا ہو' آج ہی ہم کسی بابا کسی عامل کے پاس جا کر فال کھلوائیں گے اور تعویذ یا گنڈا لائیں گے۔ سیاہ مرغ' تازہ لیمو' کالی ڈوری' سات ندیوں کا پانی' کف دریا' الو کا دودھ' شیر کا دانت' چیل کا بھیجہ' بڑ کی جڑ' سات قسم کی دالیں' تین گز کالا کپڑا' غرض وہ جو کہے گا ہم لائیں گے اور اتار یا نھاون کروا کر کرتوت کا علاج کروالیں گے۔

الیاس مسعود خان
خلوص اور خوشبو کا آدمی

جب ہم اپنے دوستوں کا جائزہ لیتے ہیں تو ہر کسی کو کسی نہ کسی وصف میں درجہ کمال پر پاتے ہیں۔ کوئی اخلاص کا پیکر تو کوئی کردار کا مجسمہ، کوئی علاج جسمانی میں ماہر تو کوئی علاج روحانی میں یکتا۔ کوئی قلم کار ہے تو کوئی صاحب تلوار۔ کوئی مجسمہ ظرافت ہے تو کوئی پیکر متانت، کوئی ناچنا جانتا ہے تو کوئی نچاتا۔ کوئی ہمہ دان ہے تو کوئی نادان۔ کسی کو عربی پر عبور ہے تو کسی کو فارسی میں ید طولی۔ کوئی انگریزی کا دھنی ہے تو کوئی تلنگی کا ماہر کوئی صورت پر فدا ہے تو کوئی سیرت پر عاشق، کسی کو دواوین کے دواوین ازبر تو کوئی غلط شعر پڑھنے کا خوگر۔ کوئی جنم کا یک زوج تو کوئی تعدد ازدواج کا رسیا، کوئی درجن بھر اولاد کی چیخ و پکار سے سرشار تو کوئی ہم دو اور ہمارا فقط ایک پر کار بند۔ غرض ہم ایک ایسے گلشن میں رہتے ہیں جہاں طرح طرح کے لالہ و گل اپنی بہار دکھا رہے ہیں لیکن جب ہم اپنے دوست جناب الیاس مسعود خاں کو دیکھتے ہیں تو معلوم ہوتا ہے کہ خود اس پھول میں ایک گلشن آباد ہے۔ ایسا گلشن جسے ہم گلشن بے خار کہتے ہیں۔

گورا چٹا رنگ، کھڑی ناک، کشادہ پیشانی، آفتابی چہرہ، کم گوئی سے مزین مختصر دہانہ فکر و ذہانت کی غمازی کرتی ہوئی حسین آنکھیں (یقین ہے کہ کسی زمانے میں حسینائیں ان آنکھوں کو دیکھ کر کہتی ہوں گی کہ ''تیری آنکھوں کے سوا دنیا میں رکھا کیا ہے۔'') خاندانی شرافت و جبلی نجابت کا آئینہ دار پر نور چہرہ اس پر وضع دار سرخ و سیاہ، گھری اور خار آثار مونچھیں جو دنیائے نزاکت عارض گلگوں و لب ہائے مے گوں میں باعث نالہ و فریاد ہی کیوں نہ ہوں لیکن اقلیم وجاہت کے شہ سواروں میں سبب وقار و باعث افتخار گردانی جاتی ہے۔ ان کی بانکی اور وضعدار مونچھیں دیکھنے کے بعد کبھی کبھی یہ خیال آتا ہے کہ اپنی ریا و تصنع سے آراستہ داڑھی انہیں گزران کر اس کے معاوضہ میں ان کی بے ریا و مخلص مونچھیں حاصل کرلیں۔ ان

طبیعت کی سرشاری اور جولانی کی آشفتہ سری معلوم ہوا علاء الدین خلجی نے چتوڑ گڑھ فتح کرنیکا فیصلہ کرلیا ہے۔رانی پدمنی کے تو بھاگ کھل گئے۔جیون کی اپسرا نے آکاش میں پوتر جل سے اشنان کیا۔اپنی سندرتا سے من کو پرسن کیا۔وہ جوگی جو مدتوں سے گھنگھور گھٹاؤں' کالی گھپاؤں میں ایک ٹانگ پر کھڑا اپنی کامناؤں اور بھاؤناؤں کا بلیدان کرتا ہوا تپسیا کے چھپر کپٹ تلے جوگ کا امرت پی رہا تھا' جاگ اٹھا۔سنگیت کی مدھر سروں کے ساتھ آشاؤں کا پنر جنم ہوا۔دھرتی مدھیرا کی ورشا سے جل تھل ہوگئی۔بادر ے پنچھی سندر پنکھ پھیلائے دھرتی سے گگن کی اور پرویش کرنے لگے۔شریر کے ساتھ آتما کے سنسار میں سکھ اور سنتوش کی لہر دوڑ گئی۔من موہنی نے پوچھا۔سوامی یہ چمتکار کیسا؟ ہم نے کہا' رنگ اور روپ کے سنگھاسن پر براجمان رانی روپ متی تیرا پتی اپنے متر شریمان الیاس مسعود خان کے دوار سے آرہا ہے۔یہ سندر اور کومل کلپنا اسی کلاکار کا اپھار ہے۔رانی چندر مکھی نے چندر سمان مکھ پر لاج کا آنچل ڈالے ہزاروں ورش پہلے کی بھاشا میں کہا۔ پڑوتر امنگولا یٹ کڑا۔گھوم بھدر وشاات پڑی۔ہم نے کہا سندری شدھ ہندی میں کھویا اشدھ سندھی میں۔ مہارانی بھانومتی نے کہا سوامی اس مہاپرش کے دوار تم پھر کب پرویش کرو گے۔ہم نے کہا گنڈوتی ہر سکھ میں دکھ کی کٹھنائیاں اور ہر سنتوش میں اوشیہ کشٹ ہوتے ہیں۔منش کے بھاگ میں جو لکھا ہے وہی اوشیہ ہوتا ہے۔لوبھ اور چنتا کے کارن منش کی آتما پرماتما سے دور ہو جاتی ہے۔الیاس بھائی کے عطریات بہت قیمتی ہوتے ہیں بار بار انہیں کشٹ دینا اچت بھروش بھنڈارتا ہے۔تمہیں گیان نہیں' ان کے کشٹ میں ہمارا کشٹ ہے۔کلاوتی نے زبان کھولی اور بولی کنتو سوامی ہم تو خس' حنا' شمامہ' لوبان' عود اور خاص کر کیوڑے سے بہت پرسن ہوتے ہیں۔ہماری منوکامناؤں میں بھرشٹاچار کا آپ کو کوئی ادھیکار نہیں۔آخرش ایک دن ہم موصوف کے ہاں جاپہنچے اور جب انہوں نے ہمیں حسب روایت و عادت ادھر ادھر عطر لگا دیا تو ہم نے اپنا منہ کھول دیا۔اور اس طرح بار دیگر ان کا چکھنے والے عطر کو چکھ آئے۔

الیاس بھائی جو ہیں وہ نظر نہیں آتے۔ان کی شخصیت ان کی خوبیوں کی طرح چھپی ہوئی ہے۔ کون اس شائستہ وخوبرو' نفیس و مطہر' منور و معطر شخص کو دیکھ کر یہ کہہ سکتا ہے کہ یہ پیشہ کے اعتبار سے موٹر میکانیکل انجینیرنگ سے وابستہ ہیں۔دن رات ان کا پالا پرزوں' پانوں' کائل' انجن' پٹرول اور آئیل سے رہتا ہے لیکن نہ ان کے ہاتھ ہی کالے دکھائی دیتے ہیں نہ آئیل اور پرزوں ہی کی بوان کے پاس سے آتی

گیا۔ہم نے پہلے ٹیپ ریکارڈ کی آواز کو دھیما کر دیا اور جب موصوف نے ضعفاء کے امراض اور رشتہ داروں کی عدم التفات کی حقیقتیں بیان کیں ہم نے ٹیپ ریکارڈ رہی بند کر دیا اور لگے اپنی خیر منانے بلا وجہ رہ رہ کر یاد آنے لگا کہ وظیفہ کو چند ایک سال ہی باقی رہ گئے ہیں۔

الیاس بھائی اور خوشبو گویا ایک دوسرے کے لیے لازم وملزوم ہیں، جس طرح ایک رند بلانوش بغیر بادہ گلگوں کے نہیں رہ سکتا بعینہ الیاس بھائی بغیر خوش بو کے نہیں رہ سکتے۔انھیں خوشبو سے زبردست علاقہ ہے۔ان کی صبح عطر حنا سے شروع ہوتی ہے اور شام عطر شمامۃ العنبر سے، بستر سے اٹھ کر وہ عطر لگاتے ہیں اور بستر پر پہنچ کر معطر ہوتے ہیں بلکہ اپنے دوستوں کو بھی معطر کرنا اور ہمہ اقسام کے عطریات سے مستفید کرنا ان کا دوامی وطیرہ ہے۔ہم جب بھی ان کے ہاں جاتے ہیں خوب معطر ہو کے آتے ہیں۔ان کے ہاں قیمتی اور متنوع عطریات کافی مقدار میں پائے جاتے ہیں، اور عطر کی خوب صورت اور نازک سی شیشیاں دیکھ کر تو ہم مچل اٹھتے ہیں۔ایک رات ہم ان کے ہاں جو وارد ہوئے ہم پر وہ شب، شب عطر گزری۔موصوف نے نہ صرف ہمیں مختلف عطریات سے مستفید فرمایا بلکہ ایک عطر تو چکھا بھی دیا۔ہم نے پہلی بار عطر چکھا تھا۔عجیب کڑواہٹ اور تلخی سے کام ودہن آشنا ہوئے۔دہن، دہن العود کی مہک سے عطر دان لگ رہا تھا۔ہمیں کیا معلوم تھا کہ حضرت عطر چکھا بھی دیتے ہیں۔ادھر ادھر خوشبو لگا کر منہ کھولنے کو ارشاد فرمایا، ہم فطرۃً معصوم اور نسبتاً معصوم بچے کی طرح واقع ہوئے ہیں۔منہ کھولتے ہی عطر کی شیشی میں سلائی ڈبو کر زبان پر پھیر دی۔وہ تو خیر گزری کہ آنکھوں مین نہیں لگا دی۔سارے بدن میں ایک جھرجھری سی دوڑ گئی۔چودہ طبق روشن ہو گئے۔ایک آنکھ سے لوبان کا دھواں اٹھنے لگا تو دوسری آنکھ سے خوشبودار آنسو ٹپکنے لگے۔ایسے لگا جیسے ہمارا بدن مستانہ اگربتی ہے جسے ابھی ابھی سلگایا گیا ہے۔الیاس بھائی نے مسکرا کر پوچھا کیسا ہے؟ ہم نے کہا روح کی گہرائیاں معطر ہو گئی ہیں۔گھر کی طرف رخ کیا تو اہل محلہ مڑ مڑ کر دیکھتے تھے۔بعض تو خوشبو کی تاب نہ لاکر بے ہوش بھی ہو گئے۔گھر میں داخل ہوئے تو بیگم نے اودھ دان، عطردان نہ جانے کیا دان سمجھ بیٹھیں۔ان عطریات کا جادو سا چل گیا۔طبیعت دوآتشہ معلوم ہوتی تھی ایک تو شاہ صاحب کے شباب آور اور جوش پرور اشعار اس پر الیاس بھائی کے عطریات کا خمار بلا وجہ ایسا معلوم ہونے لگا گویا ہم پھر سے زندگی کی اس منزل پر پہنچ گئے ہیں جہاں سے کبھی منزلوں کی ابتداء کی تھی۔

سمجھتے ہیں۔ چنانچہ نہ صرف ہم ان کے دیدار سے مشرف ہوتے ہیں بلکہ ان کے شانِ نزول کے علاوہ ان کی تاریخ و جغرافیہ سے بھی اپنی مرضی کے بغیر خبردار ہوتے ہیں۔ ایک دن ہمیں اپنی دوربین سے چودھویں کا چاند دکھانے اپنی چھت پر لے گئے۔ ویسے چھتوں کی بلندیوں سے ''چودھویں کے چاند'' کو دیکھنے کا لطف ہی اور ہوتا ہے۔ آنکھوں کی تقدیر ثریا پر نظر آتی ہے۔ پہلی بار چاند کو اتنے قریب سے دیکھا۔ جی میں آیا کہ بڑھ کر اس کا دامن تھام لیں۔ لیکن چودھویں کے چاند مفلسوں کے ہاتھ نہیں آتے، ان کے حصول کے لئے چاندی کی ہتھیلیاں اور سونے کی انگلیاں درکار ہوتی ہیں۔ الیاس بھائی کو علم فلکیات سے گہری دلچسپی ہے۔ انہیں یہ معلوم ہے کہ کون سا تارا کہاں اور کیسے گردش میں رہتا ہے اور کس تارے کی گردش کیا گل کھلا رہی ہے۔ مریخ کے کتنے اور زہرہ کے کتنے چاند ہیں۔ ان کی بے انتہا فلکی معلومات کو دیکھتے ہوئے انہیں آسمانی آدمی کہا جاسکتا ہے۔

الیاس بھائی نیک اور خدا ترس آدمی ہیں، اس لیے خدا نے ان کی زبان میں بہت تاثیر دے رکھی ہے۔ نصیحت کارگر اور موعظت پر اثر ہوتی ہے۔ ہم پر علماء و مشائخین کی نصیحتوں کا اتنا اثر نہیں ہوا جس درجہ اس مردِ بے ریش کی باتوں کا ہوا ہمارے دوستوں میں کچھ دوستوں نے ان کی ترغیب سے غیبت جیسی عادت دلگیر سے چھٹکارا پایا تو کچھ لوگوں نے درس توکل حاصل کیا۔ ہم تو دعا گو ہیں کہ خدا ان کی زبان صدق آثار میں مزید تاثیر عطا فرمائے۔ بعض وقت تو یہ کچھ کہے بغیر بہت کچھ کہہ ڈالتے ہیں اور بعض وقت کچھ سمجھائے بغیر بہت کچھ سمجھا دیتے ہیں، چنانچہ ایک دن ہم اپنی شام کو شام رنگین بناتے ہوئے فلم ''ایک مسافر ایک حسینہ'' کا گیت ''میں پیار کا راہی ہوں تیری زلف کے سائے میں کچھ دیر ٹھہر جاؤں'' سنتے ہوئے او پی نیر کے میٹھے سروں سے لطف لے رہے تھے۔ طبیعت امنگوں کے جھولوں میں جھولا جھول رہی تھی۔ موڈ کافی رومانی تھا گویا حسن و جمال کے بادلوں میں کیف و مستی کی بجلیاں کوندرہی ہوں، اتنے میں کھٹکا ہوا دیکھا تو الیاس بھائی کھڑے مسکرارہے تھے۔ واقعی خوب صورت چہرے خوشیوں میں اضافے کا سبب بن جاتے ہیں۔ ادھر ادھر کی ہوتی رہی۔ پتہ نہیں گفتگو کس طرح شباب کے بام و در سے نکل کر ضعیفی کی دہلیز تک جا پہنچی، اور پھر بیاں اپنا کے مصداق الیاس بھائی نے بڑھاپے کے احوال کا نقشہ جو کھینچا ''ایک مسافر ایک حسینہ'' کا گیت میلہ کے گیت ''یہ زندگی کے میلے دنیا میں کم نہ ہوں گے، افسوس ہم نہ ہوں گے'' سے بدل

ایسے ملا کرو کہ کریں لوگ آرزو		ایسے رہا کرو کہ زمانہ مثال دے

فیاضی اور مہمان نوازی ان میں منجانب اللہ ودیعت ہے۔ دل بڑا اور دیوان خانہ چھوٹا ہے اور اس سے چھوٹا وہ راستہ ہے جس سے مہمان کو ان کے دیوان خانے میں خود کو داخل کرنا پڑتا ہے۔ ہم جب بھی الیاس بھائی کے دیوان خانے میں داخل ہوتے ہیں تو خود کو تین قسطوں میں داخل کرتے ہیں۔ پہلے ہم اپنا بیگ داخل کرتے ہیں۔ پھر اپنے ماتھی جسم کو آڑھا ترچھا کر کے دیوان خانے کے دروازے کی مرضی کے بغیر داخل کر ہی دیتے ہیں۔ رکاوٹیں خواہ کتنی ہی کیوں نہ ہوں محبت کرنے والے راستہ بنا ہی لیتے ہیں۔ اس چھوٹے سے دیوان خانے میں بڑی بڑی چیزیں دیکھنے کو ملتی ہیں جو الیاس بھائی کے آفاقی ذوق کی آئینہ دار ہیں۔ مثلاً ایک بڑا اور دیدہ زیب صوفہ سیٹ' ایک عدد آراستہ شوکیس جس میں ہمہ اقسام کی ٹرافیاں اور قیمتی اشیاء' سلیقے سے لگی ہیں۔ اگر آپ صوفے پر بیٹھے بیٹھے تھک جائیں تو پاؤں پھیلائے بغیر نیچے بھی بیٹھ سکتے ہیں' لیکن اگر آپ پاؤں پھیلا کر بیٹھنا چاہیں تو آپ کے پاؤں دوسروں کے زانو سے بوس و کنار کرنے لگیں گے۔ عظیم الشان اور دیدہ زیب گاؤ تکیے جو ایک ایک آدمی کی جگہ گھیر لیتے ہیں' اور ان گاؤ تکیوں کے طفیل گاؤ تکیوں سے لگے آدمی کو جگہ نہیں ملتی۔ ایسی ہی کچھ چیزوں نے ان کے دیوان خانے کو مختصر کر دیا ہے۔ لیکن دیوان خانے کا یہ اختصار اس وقت اپنی وسعتوں پر ناز کرنے لگتا ہے جب خود صاحب خانہ براجمان ہو کر اپنی ظاہری اور باطنی خوشبو بکھیرنے لگتے ہیں۔ علماء کرام کی طرح وہ محض غذائے روحانی پر اکتفا نہیں کرتے بلکہ غذائے جسمانی سے بھی تواضع کرتے ہیں۔ بعض وقت اپنے پکائے کھانوں سے اور بعض وقت اپنی بیگم کے پکائے کھانوں سے۔ ایک روز ایک عجیب وغریب ڈش کھلائی اور ارشاد فرمایا کہ یہ میں نے آپ حضرات کے لئے بنائی ہے۔ ڈش بہت لذیذ تھی ہم نے تو محض انگلیاں چاٹنے ہی پر اکتفا کیا لیکن بعض لوگوں نے برکت کے حصول کے لئے رکابی کو گھول کر پی لیا۔ ان میں جہاں ایک اچھے استاد کی صفات پائی جاتی ہیں وہیں ایک معقول خانساماں کے جوہر بھی پائے جاتے ہیں۔

الیاس بھائی کو مختلف چیزوں کا بے پناہ شوق ہے مثلاً موزے' جوتے' ٹائیاں' کتابیں' شیشے' عدسے' دوربینیں' خوردبینیں' کنکر' پتھر' اوزار' پرزے' پردے' پودے وغیرہ وغیرہ۔ انہیں ان مبارک چیزوں کو بعض مقدس ہستیوں کے ملاحظہ میں لانے کا بھی بے پناہ شوق ہے اور قسمت سے وہ ہمیں ایک مقدس ہستی

کے سراپا کو دیکھ کر یہ اندازہ ہوتا ہے کہ وہ اگر لائق استاد نہ ہوتے تو ایک کامیاب ہیرو ضرور ہوتے۔

دنیا میں بہت کم لوگ ہیں جن سے بہت کم لوگ خفا رہتے ہیں لیکن الیاس بھائی سے کوئی خفا بھی ہو سکتا ہے، اس کا ہمیں یقین نہیں۔ عجیب ہر دل عزیز شخصیت پائی ہے۔ دوست احباب' رشتہ دار' پڑوسی' چھوٹے، بڑے، اپنے پرائے' افسر ماتحت سب ان کے دوست' سب ان کے بہی خواہ اور یہ سب کے ہمدرد اور غم گسار' پتہ نہیں یہ اوصاف کے حصول کے لئے الیاس بھائی نے کوئی باضابطہ مشق بہم پہنچائی ہے یا یہ اوصاف حمیدہ انہیں بغیر محنت و مشقت کے حاصل ہو گئے ہیں۔ سنتے ہیں کہ اس دور میں کوئی پڑوسی ایسا نہیں جس سے اس کا پڑوسی خفا نہیں۔ اب ہم ہی کو لیجئے کیا مجال جو کوئی پڑوسی ہم سے راضی ہو اور کسی پڑوسی سے ہم خوش ہوں۔ لیکن الیاس بھائی کو دیکھ کر حیرانی ہوتی ہے کہ ان کے پڑوسی نہ صرف یہ کہ ان کے دوست ہیں بلکہ والہ و شیدا و جاں نثار ہیں۔ اس ضمن میں ہم جناب شاہ صاحب کو پیش کر سکتے ہیں جو نہ صرف موصوف کے دوست ہیں بلکہ ہمسایہ و ہم پایہ کے علاوہ ہمدم و ہمراز واقع ہوئے ہیں۔ ان دونوں حضرات نے پڑوسیوں میں محبت کی ایک مثال قائم کی ہے۔ دونوں ہر وقت ایک دوسرے کے اوصاف حمیدہ پر نثار اور افکار شائستہ پر قربان نظر آتے ہیں۔ وہ دینی مزاج جو اہل ریش و صاحبان جبہ و دستار میں نظر نہیں آتا۔ خدا کا شکر ہے کہ اس کلین شیو آدمی میں دکھائی دے جاتا ہے۔ طبیعت کی پاکیزگی مذہب کو مطلوب ہے ورنہ طویل داڑھیاں تو اہل کفر کے بھی ہوا کرتی ہیں۔ شارع اسلام نے تو یہ فرمایا تھا کہ وہ مومن نہیں جس کے شر سے اس کا پڑوسی محفوظ نہیں اور اس حدیث کی روشنی میں جب ہم اپنے معاشرے کا جائزہ لیتے ہیں تو جی چاہتا ہے کہ محض چلو بھر پانی میں خود کو اپنے شر پسند پڑوسیوں کے ساتھ ڈبو دیں۔

بزرگی اور عزت افزائی الیاس بھائی کا طرہ امتیاز ہے اور خلوص و محبت اور شگفتگی' ان کا وطیرہ۔ جب ملتے ہیں خوشی سے ملتے ہیں اور ملنے والوں کو خوش کر دیتے ہیں اور اظہار مسرت ہی ایک ایسا وصف ہے کہ یہ کسی میں پیدا ہو جائے تو وہ ایک زمانے کو محض ایک تبسم سے رام کر لیتا ہے لیکن جو "راون" کے نقش قدم پر چلتے ہیں ہر پوتر تا کا اپہارن ان کا بھاگ بن جاتا ہے۔ اب وہ زمانے کو کیا رام کریں گے۔ جو الیاس بھائی سے ایک بار ملتا ہے وہ بار بار ملنے کی تمنا کرتا ہے۔ ملنے والوں کو ان کا خلوص اپنی بانہوں میں اور ان کی خوشبو اپنے دامن میں سمیٹ لیتی ہے۔ واقعہ یہ ہے کہ یہ شعر ان کی شخصیت پر بہر طور صادق آتا ہے۔

ہے۔ واقعہ یہ کہ جن کا دل اجلا ہوتا ہے ان کا کچھ بھی کالا نہیں ہوتا بلکہ جو ان کی صحبت میں رہتا ہے وہ سیاہ سے سفید ہو جاتا ہے۔ ان کی تدریس و تعلیم دیکھ کر بہت خوشی ہوتی ہے کہ وہ دیدہ ریزی و محنت شاقہ سے قوم کے نونہالوں کو زیور فن سے آراستہ کر رہے ہیں۔ حال ہی میں ان کے ایک طالب علم نے ساری دنیا میں اپنے فن کا لوہا منوا کر شہر حیدرآباد کا نام روشن کیا ہے۔ الیاس بھائی اپنی جز معاشی کے باوجود وضع داری سے اپنی زندگی گزار رہے ہیں اور خوب گزار رہے ہیں۔ اس سے ان کی حلت کار اور شرافت نفسی کا پتہ چلتا ہے۔

ہم اپنے آپ کو خوش بخت و خوش نصیب سمجھتے ہیں کہ ایسے خوش خلق، خوش پوش و خوش فکر شخص کے دوست ہیں۔ ہماری دوستی پر انہیں ناز ہو یا نہ ہو ہمیں تو ان کی دوستی پر بہت ناز ہے۔

دکھ اُٹھائے جو بتوں نے تو خدا یاد آیا

کیا خبر تھی کہ پتھر کے بتوں پر بھی آزمائش کے پہاڑ توڑے جائیں گے۔ آزمانے والوں نے جب زندہ دل افراد کو نہیں بخشا تو پتھر کے بت ایسے کہاں کے ہیں کہ محفوظ رہ سکیں۔ انسانوں پر اگر آفتیں ٹوٹتی ہیں تو خیر شامت اعمال کہہ کر خاموش رہا جاسکتا ہے لیکن تعجب ہے کہ ان بتوں نے آخر کون سے برے اعمال کئے ہیں کہ ان پر یک بہ یک آفت ٹوٹ پڑی ہے۔ بتوں سے زیادہ بھی کوئی شے بے ضرر، بے گناہ اور بے جان تسلیم کی جاسکتی ہے، یہ تو اتنے مجبور ہوتے ہیں کہ نہ بنانے سے خوش ہوتے ہیں نہ بگاڑنے پر خفا۔۔۔۔۔ بے چاروں کو پتہ تک نہیں چلتا کہ انہیں کب بنایا گیا اور کب بگاڑا گیا۔ یہ تو لاش ہوتے ہیں بلکہ لاش پھر بھی مدارج تنزل طے کرتے ہوئے تعفن سے رنج ونقصان پہنچاسکتی ہے لیکن بت اس کیفیت سے تک دوچار نہیں ہوتے۔ یہ بت جس حال میں تراشے گئے ہیں ہزاروں برس سے اسی حال میں رکھے ہوئے ہیں۔ ساری دنیا جانتی ہے کہ نہ یہ نفع دے سکتے ہیں نہ نقصان پہنچاسکتے ہیں۔ ان کا درجہ گھٹ گھٹا کر محض آثار قدیمہ کی حد تک رہ گیا ہے۔ البتہ ان دیو قامت بتوں کو دیکھ کر ان فنکاروں کی یاد آجاتی ہے جن کے ہاتھوں میں پتھر موم ہو کر رہ گیا تھا۔ چنانچہ جب ہم نے اجنتا اور ایلورہ کے غاروں کو بغائر دکھا تھا تو مہاتما بدھ کے اس دیو ہیکل بت کو بھی نظر حیرت و تجسس سے دیکھا تھا جو تین سمتوں سے تین جذبوں کا آئینہ

دار ہے۔ ہم دریائے حیرت میں غوطہ زن اس مجسمے کے تخلیق کار کے فن کی نزاکتوں پر عش عش کر اٹھے۔ خدا نے ان کو کمال کی صلاحیتیں ودیعت فرمائی تھیں، واقعی خدا کی قدرت کا جواب نہیں اور انسان کے کمال کی مثال نہیں۔ تاہم بعض بتوں کو دیکھ کر کوئی تاثر پیدا نہیں ہوتا البتہ بعض مقامات کی تاریکیوں میں ایسے بت بھی ایستادہ و پیوستہ ہیں جنہیں دیکھ کر شہوت کا بت جاگ اٹھتا ہے اور جب شہوت کا بت جاگ اٹھتا ہے تو دوسرے بت سربسجود نظر آتے ہیں۔ چنانچہ جب ہم نے کھجوراہو کا سفر کیا تھا تو ہماری بہت سی چیزوں میں اضافہ ہوا تھا جن میں ایک معلومات بھی تھیں۔ یہ اور بات ہے کہ اب صرف معلومات ہی رہ گئی ہیں۔ ہمیں تعجب اس امر پر ہوتا ہے کہ بتوں کی معدومیت اور مظلومیت جانتے ہوئے بھی لوگ بتوں کے آگے سربسجود نظر آتے ہیں۔ انسانوں کا یہ اپنا اپنا نصیب ہے، بتوں نے بھلا کب کہا تھا کہ ہمیں پوجو پھر دھاکوں سے اڑادو۔ یہ انسانوں کی اپنی اپنی قسمیں ہیں کوئی بنا کر خوش ہوتا ہے کوئی بگاڑ کر خوش ہوتا ہے۔

بھیک مانگنے کے لیے بت بن کر کھڑا ہو جانا آج کی دنیا میں بطور فیشن رائج ہے۔ ایک دفعہ ہم نے دیکھا کہ یاقوت پورہ میں مہاتما گاندھی کھڑے ہیں۔ وہی ناک نقشہ، وہی انداز بے پیرہنی، وہی آنکھوں پر عینک اور وہی دھوتی پر لٹکتی گھڑی۔ وہی ڈنڈا اور وہی چپل، لبوں پر وہی مسکراہٹ اور آنکھوں میں وہی ملک کی آزادی کا تصور۔ ہم نے سوچا قریب جا کر آج کے نیتاؤں کی مہربانیاں بیان کردیں کہ وہ ہماری بربادی پر کس طرح بت بنے بیٹھے ہیں۔ مہاتما کو ظلم و استبداد کی کہانی سنا دیں، لاقانونیت اور گھر بھر اون کے طوفانی قصے بیان کردیں لیکن پھر خیال آیا بتوں کے آگے رونا اپنی آنکھیں کھونا ہے۔ اگر وہ زندہ ہوتے تو کوئی بات بھی تھی کہ بات سنی جائے تو کہی جانی بھی ممکن ہے۔ ہم یہ سوچ ہی رہے تھے کہ مہاتما گاندھی چلنے لگے۔ بدن میں ایک جھرجھری سی دوڑ گئی لیکن رفتار کی سستی نے یہ ثابت کردیا کہ وہ تیز رو مہاتما کا سست رو نقال بھکاری ہے۔

فی زمانہ بتوں سے زیادہ ملول و مغموم شئے نہیں کہ اب اس دور میں انسانوں نے بتوں سے زیادہ خدائی کے دعوے ٹھوک رہے ہیں۔ حقیقت تو یہ ہے کہ بتوں نے کبھی خدائی کا دعویٰ کیا ہی نہیں اور یوں بھی جو پتھر ہونے کا دعویٰ نہیں کرسکتے وہ خدائی کا دعویٰ کیا کریں گے۔ ہاں نمرود و فراعنہ جیسے انسانوں نے خدائی کا دعویٰ ضرور کیا ہے۔ اب تو لوگ مانگنے کی پلاسٹک کی کرسیوں پر اکڑے ہوئے انا رہکم الا

عملاً کی رٹ لگا رکھے ہیں۔ اگر واقعی ڈھانا ہے تو بے زبان بتوں کے بجائے زبان دراز انسانوں کی انا کو ڈھانا چاہیے جو ترقی کرتے کرتے معکوس ہو گئی ہے اور اس کے باوجود ان کے وجود میں کوئی فرق نہیں آیا۔

جب ہم نے اخبار میں پڑھا کہ طالبان نے اپنے ملک کے تمام بتوں کو ڈھانے کا فیصلہ کیا ہے اور تمام دنیا کے بت بچاؤ مشوروں کو نظر انداز کر دیا ہے تو ہم نے سوچا شاید یہ لوگ حضرت ابراہیم علیہ السلام کی بت شکنی کی سنت پر عمل پیرا ہونا چاہتے ہیں لیکن دور ابراہیمؑ کے بت پوجے جاتے تھے۔ افغانستان کے بت پوجے نہیں جاتے ہیں صرف دیکھے جاتے ہیں اور وہ بھی نظر تقدس سے نہیں نظر تحیر سے۔ سنا ہے کہ ان پرانے بتوں کو توڑنے کے لیے نئی تکنیک استعمال کی جا رہی ہے۔ بارود و بم کو کام میں لایا جا رہا ہے لیکن ہم سوچتے ہیں کہ طالبان ان بتوں کو کن بموں سے توڑیں گے جو آج انسانوں کے دلوں میں چھپے بیٹھے ہیں۔ نخوت و غرور کے بت' حرص و طمع کے بت' خود نمائی اور خود پسندی کے بت' جہاں سازی و جاہ طلبی کے بت' تعصب کے بت نے تو انا خیر منہ کی ساری دنیا میں رٹ لگا رکھی ہے۔ ہم تو ان ہندوستانی بتوں سے نالاں ہیں جو باعث نالہ و فریاد ہیں۔ ان بتوں کا دلفریب حسن' ہنگامہ خیز شباب اور ہوش ربا پیرہن دنیا و مافیہا سے بے خبر کر دیتا ہے۔ ہم لاکھ چاہتے ہیں کہ ان بتوں سے خود کو بے نیاز گردانیں لیکن گردن بہر حال دام زلف خوباں سے اور دل دام لب لعلیں سے نبرد آزما رہتا ہے۔ پتھر کو پوجنے والے انگلیوں پر گنے جا سکتے ہیں لیکن ان بتوں کے متوالے گنے ہی نہیں جا سکتے۔ البتہ ایک موقع پر خود یہ آخری سانسیں گننے لگتے ہیں۔ مصیبت یہ ہے کہ ان بتوں کو ڈھایا نہیں جا سکتا کیوں کہ یہ بت خود ظلم ڈھاتے ہیں۔

اب تو دنیا میں بتوں کا چلن اتنا عام ہو گیا ہے کہ مردہ افراد تو مردہ افراد زندہ افراد کے بت بھی بنائے جا رہے ہیں۔ حال ہی میں مایہ ناز فلم اسٹار امیتابھ بچن' ایشوریہ رائے اور شاہ رخ خاں کے موی بت بنائے گئے تو ہماری آنکھوں سے رشک آلود موی قطرے نکل پڑے۔ کاش ہم بھی ادیب نالائق کی بجائے کوئی لائق فلم اسٹار ہوتے تو ہمارا بھی موی مجسمہ تیار کیا جاتا اور کئی متحرک مجسمے ہمارے شیدائی ہوتے لیکن اس وقت ہم یہ ضرور التماس کرتے کہ ہماری موی مجسمے پر جو خطیر رقم لگائی جا رہی ہے وہ ہمیں ہماری لیاقتوں کے معاوضہ کے عنوان سے عطا کر دی جائے۔ مجوزہ مقام پر ہم خود بت کی طرح کھڑے ہو جائیں گے لیکن

سنا ہے کہ جن کے موی مجسمے بنائے جاتے ہیں وہ مفلس نہیں ہوتے اور جو مفلس نہیں ہوتے وہ ہماری طرح نہیں سوچتے۔تاہم اقدارِ سفلیہ کے طفیل ہر شریف آدمی بت بنا ہوا ہے۔فرق صرف اس قدر ہے کہ یہ بت سوچتے ہیں۔

تاریخ تو یہ کہتی ہے کہ کچھ عرصہ قبل بھی بت گرائے گئے تھے اور ذلیل کر کے گرائے گئے تھے۔ کتنی تعجب خیز بات ہے کہ روس میں برسوں عزت و ناموس کے چبوتروں پر ایستادہ لینن کے مجسمے رسوائی اور بے عزتی کے دھکوں سے دھڑا دھڑ گرائے گئے۔ایک ہی صدی میں یہ انقلاب بلکہ سرخ انقلاب ہمیں دریائے حیرت میں غوطہ زن کر دیا لیکن ہم بت بنے ان مجسموں کو گرتے دیکھا کیے اور انسانی افکار کی بے وقعتی اور بے معنویت پر دیر تک غور کرتے رہے۔شکر ہے اس وقت دنیا میں اتنا ہنگامہ برپا نہ ہوا تھا۔جب لوگ کھوٹے سکوں سے بیزار ہو جاتے ہیں تو انہیں دفن کرنے ہی میں اپنی بھلائی محسوس کرتے ہیں۔

ہمارا شہر تو بتوں اور مجسموں کا شہر ہے یہ اور بات ہے کہ ان بتوں اور مجسموں سے اس شہر کے حسن میں چار چاند لگ گئے ہیں۔ٹینک بنڈ پر سلسلہ وار بتوں کی تنصیب سلسلہ وار حسن میں اضافہ کرتی ہے۔مخدوم محی الدین کا مجسمہ تو کچھ اس انداز سے بنایا گیا ہے کہ مانو وہ پھولوں کی غزل کہہ رہا ہے یا خود کسی چنبیلی کے منڈوے میں اپنی نظم کے معنی کھوج رہا ہے۔البتہ محبوب علی پاشا والی دکن کے مجسمے کی آنکھیں قدرے سوجی ہوئی ہیں۔شاید ان کا مجسمہ گنگا جمنی تہذیب کو یاد کر کے راتوں میں رویا کرتا ہوگا۔ممکن ہے کہ انہیں یہ معلوم نہ ہو کہ اس شہر میں عدم انصاف اور تعصب کے نظر نہ آنے والے بت خاصی تعداد میں ایستادہ ہیں۔

طالبان کی بت شکنی پر ساری دنیا نے احتجاج کیا ہے۔ان میں مسلم ممالک بھی ہیں اور خود مسلمان بھی۔احتجاج کرنے والوں میں بت پرست بھی ہیں اور خدا پرست بھی۔اب خدا ہی بہتر جانتا ہے کہ خدا پرستی کے ساتھ بت بچاؤ تحریک خدا کے پاس کس حد تک نظر انداز ہے لیکن ہمارا خیال ہے کہ یہ بے چارے کعبے سے نکلے ہوئے غاروں کے پناہ گزین ہیں۔اگر انہیں غاروں سے بھی نکال باہر کیا جائے تو کیا یہ دوزخ میں پناہ لیں گے؟ غرض ساری دنیا میں ایک ہنگامہ ہے کہ طالبان کی بت شکنی تہذیب گذشتہ اور ثقافت دیرینہ کے آثار کو مٹانے کے مترادف ہے اور یہ انہدامی کارروائی غیر اسلامی اور غیر انسانی افکار و

اعمال ہیں۔ یہ سب تو خیر ٹھیک لیکن جب ہم نے یہ پڑھا کہ اگر کوئی جواباً تاج محل کو مسمار کردے تو؟ تو ہمیں ایسی عقل نابالغ پر رونا آیا۔ ہنسی اس لیے نہیں آئی کہ اب یہ کسی بات پر نہیں آرہی ہے۔ گویا مارے گھٹنا پھوٹے آنکھ کا محاورہ آج بھی اپنا محل رکھتا ہے۔ افغانستان میں اگر کوئی بت توڑ رہا ہے تو اس کے جواب میں یہ کہنا کہ تاج محل کو مسمار کیا جاسکتا ہے، نئی صدی کا پہلا عظیم حمق ہے۔

عقل کے چار دن معین ہیں

ہم کوئی ڈاکٹر نہیں، ہم کوئی حکیم نہیں، ہم کوئی وید نہیں، ہم لیڈر، دانشور اور مفکر بھی نہیں جو ہماری بات میں تشکیک کی گنجائش پائی جائے۔ ہم صرف انسان ہیں اور انسانیت کی بات کرتے ہیں اور انسان کی جو بات ہوتی ہے وہ سیدھی سادی غیر لچک دار اور دوٹوک ہوتی ہے۔ جیسے دو جمع دو چار ہوتے ہیں اور اگر انسان کی اس قطعی بات پر جنگل کے سارے ہی جانور اپنی عقل و فراست کو کام میں لاتے ہوئے دو جمع کو چار کی بجائے ساڑھے چار سے ساڑھے باون ہزار تک بھی کہ دیں تو انسان کے محض چار کی سچائی کی برابری نہیں کر سکتے۔ یہ اور بات ہے کہ جنگل کا شہنشاہ، دشت و جبل کا بے تاج بادشاہ، رستم زماں، دارائے دوراں حضرت ''شیر'' دامت برکاتہم درمیان جنگل کہیں ہمیں مل جائیں اور ہم جیسے منحنی پیکر انسان سے سوال کر بیٹھیں کہ ''حضرت، اب بتائیے کہ دو اور دو جمع کتنے ہوتے ہیں؟ تو جواب دینے سے پہلے ہمارے اعضاء رئیسہ اور غیر رئیسہ خود جواب دینے لگیں گے۔ یقیناً ہماری گھگھی بندھ جائے گی اور ہم وہ ساری گنتی بھول جائیں گے جسے ہمارے باپ دادوں نے پڑھی اور پڑھائی تھی۔ خرد گم، ہوش باختہ، ٹانگوں میں لرزہ، آنکھوں میں اندھیرا، پسینے میں شرابور، اور بغیر محنت کیئے تھکن سے چور چور دکھائی دیں گے۔ لرزتے ہوئے لبوں سے کانپتی ہوئی آواز کے ساتھ یہی عرض کریں گے کہ اے شہنشاہ دشت و جبل، حکمران بے بدل، دو جمع دو چار یہ عقل کے اندھے کہتے ہیں، جنگل کی مبارک میتھ میٹک کے حساب سے دو جمع دو حقیقت میں وہی ہوتے ہیں جو جنگل کے تاجدار حضرت ظل الٰہی خلد اللہ ملکہ و سلطنتہ ارشاد فرمائیں۔ اب صاحب عالم

کی مرضی مبارک میں جو آئے دراصل وہی صحیح حساب قرار پائے گا۔کم زور انسان کی عقل گھنے جنگل میں گھٹنے ہی نہیں پوری استعداد کے ساتھ ٹخنے بھی ٹیک دیتی ہے۔اور یقین ہے کہ جنگل کا شہنشاہ اپنی فتح وکامرانی پر مسرت کے قہقہے لگائے گا لیکن کہیں درندوں کی درندگی کے سبب حقیقتیں تبدیل بھی ہوا کرتی ہیں ۔یہی حال موجودہ زمانے کی نام نہاد انسانیت کا ہے کہ ساری دنیا میں حیوانیت کو فروغ دے رہی ہے اور حیوانیت کے نتائج یعنی ایڈس سے پناہ بھی مانگی جارہی ہے۔ایڈس کا علاج ساری دنیا میں یہی ہے کہ گناہ کے اڈوں کو شادی کے منڈپوں میں تبدیل کردیا جائے۔لوگوں کو ایک مرتبہ گناہ کرنے کی بجائے چار مرتبہ شادی کرنے کی اجازت ، بلکہ ترغیب دی جائے ۔مزید براں لوگوں کو چاہیے کہ محض جز پر اکتفا نہ کریں،ادخلو افی اسلم کافه کے مبارک دائرے میں داخل ہوکراپنی خوش نصیبی پر رقص کریں ۔اور ایڈس پر ہی کیا منحصر دنیا تمام کے امراض جسمانی و روحانی سے نجات حاصل کرلیں ۔پھر ایڈس کے جراثیم؟ ساری دنیا ایک آواز ہوکر کہے گی ''ڈھونڈتے رہ جاؤ گے''۔

عقلمند انسانوں کی وادیوں میں جانوروں کی داداگری نہیں چلتی انسانوں کو انسانیت کے اصول و ضوابط ماننے ہی پڑتے ہیں۔یقیناً وہ ایک حیوان ہی ہوگا جو ایک انسان کی بات نہ مانے ،اور حیوان بھلا انسانوں کی بات کیوں ماننے لگیں ، ماننے کے لئے پہلے سمجھنا جو پڑتا ہے۔جو حیوان عقل و ادراک سے ماوری،شعور و آگہی سے بیگانہ ہو،وہ انسان اور انسانیت سے کیا تعلق رکھ سکتا ہے۔اب یہی دیکھیے کہ ساری دنیا میں دہشت گردی اور وحشت انگیزی کے بھوت برہنہ رقص کررہے ہیں، چڑیلیں اپنے حسن و جمال کی کالی جوبنوں کے ساتھ دعوت عیش دے رہی ہیں،حکومتوں کے زیر سایہ پرورش پانے والے سیاہ ناگ اپنی پھنکاروں سے زہر اگل رہے ہیں۔گناہوں کی سیاہی کے طفیل ہر دن سورج گرہن کا روز اور ہر رات اماوس کی رات ہے۔انسان کی بربادی اور موت کے خواہاں ان دیکھے جرثومے پہلے انسانوں کے کثیف پیرہنوں میں پھر پیکروں میں گھس کر اپنی کالی کالونیاں تعمیر کررہے ہیں ۔یہ وہ جراثیم ہیں جو جہانگیری توپ سے مرتے ہیں نہ عالم گیری شمشیروں سے ۔ان کا جوز ہر انسانیت کے جسم میں شامل ہوجاتا ہے تو وہ خون کی نکاسی کا متقاضی ہوتا ہے۔ایڈس ،ایڈس کو ہوا دینے والے اشتہارات سے ختم نہیں ہوتا ،اس کے لیے سنجیدگی چاہیے ،بے ہودگی نہیں ۔ایڈس کے خاتمے کے لیے ہر دوکان پر ''کنڈوم'' کی نہیں دلوں میں

"کنٹرول روم" کی ضرورت ہے۔ جہاں ابلیسوں کو جوتوں تلے اور شیطانوں کو قدموں تلے روندا جائے کہ پھر خدا کی بنائی یہ خوب صورت دنیا گندگی کے داغوں سے مکروہ نہ ہونے پائے۔ یہ کام صرف وہ لوگ کر سکتے ہیں جنکو خدا نے ساری انسانیت کے لیے علمبر دار بنا کر اس دنیا میں برانگیختہ کیا ہے اور کنتم خیر امت کا پروانہ عطا فرمایا ہے۔

حکما کہتے ہیں کہ حیوانوں میں حیوانیت سے ایڈس نہیں پھیلتا، انسانوں میں حیوانیت سے ایڈس پھیلتا ہے۔ ایڈس کا ایک ہی علاج ہیکہ عذاب کے چالیس دروازے بند کر دئے جائیں اور ثواب کے چار دروازے کھول دئے جائیں۔ لیکن سوچنا یہ ہیکہ جو نو جوان ثواب کے پہلے دروازے ہی کو سونے چاندی کے ہنگاموں اور جوڑے گھوڑے کی لعنتوں کے بعد کھولتے ہوں اور جنکا اشہب عمر محض دولت مند گھرانوں کی تلاش میں دوڑ دوڑ کر ضعیفی کی دہلیز پر ہانپ رہا ہو وہ عقد دوم، سوم و چہارم کے تعلق سے کیا سوچیں گے۔ بلکہ لغو فلموں اور فرسودہ سیریلوں نے ان کی سوچ اور فکر کو اس حد تک مفلوج کر دیا ہے کہ ان کا دائرۂ فکر محض کرکٹ کے کمپاؤنڈ تک محدود ہو کر رہ گیا ہے۔ اور اگر معتوب لین دین کی شادی کے بعد یہ عقد ثانی کی سوچ بھی لیں تو دولت مند سالے اپنے ہاتھ میں جوتیاں نہ اٹھالیں گے بلکہ ایسے ہوش ربا موقعوں پر تو سالیاں بھی اپنی اونچی ہیل والی سینڈلیں سنبھال لیا کرتی ہیں۔ تا کہ ان کے بھائی جان کسی اور کے بھائی جان بننے کی کوشش نہ کریں۔ واقعی بھیک اور غیرت ایک ساتھ جمع نہیں ہوسکتیں۔ ہاں یہ مردوں والے مسعود و مبارک کام تو ان مردان صاحب وقار کے لیے مختص ہیں جو ایجاب و قبول کے دو لفظوں پر شادی رچاتے ہیں مہر موجل کا محض وعدہ نہیں کرتے بلکہ مہر معجل نہایت خوش دلی سے ادا کرتے ہیں۔ غریب لڑکیوں کو اپنی شریک حیات بناتے ہیں امیر گھرانوں پر صدائے عقد و نکاح نہیں لگاتے۔ یہ زندہ دل افراد دینے کے قائل ہوتے ہیں لینے کے خوگر نہیں۔ وہ یہ بہتر طور پر جانتے ہیں کہ شادی میں مرد مہر دیتا ہے جوڑے کی رقم لیتا نہیں۔

۔۔۔۔ لوگ ہم سے دریافت کرتے ہیں کہ حضرت! آپ نے کتنی شادیاں فرمائی ہیں تو ہم بہ بانگ دہل یہ عرض کرتے ہیں کہ جی! ہم تو ہندوستانی علماء کے نقش قدم پر ہیں۔ اس عنوان کے تحت صرف لینے پر اکتفا کرتے ہیں۔ اتنی ہمت ہم میں کہاں کہ گلی گلی کوچہ کوچہ اپنی آبرو کو نیلام کرتے پھریں۔ اور پھر

جب سربراہان رشد و ہدایت اپنے کہے پر کرنے کے پابند نہیں تو ہم کون سے کھیت کی مولی ہیں۔ ویسے ایک بار اس کار مردانہ وار کی جرأت ضرور کی تھی کہ اپنی پہلی زوجہ کو اپنا دوسرا سہرا دکھائیں لیکن جب سر پر سہرا باندھنے سے پہلے ہی سر کی خیر منانے کی نوبت آجائے تو ہم اتنے بدھو بھی نہیں کہ "سر سلامت تو سہرے ہزار" کا مقولہ گویا یاد نہ رکھیں۔

--- --

نام : **ڈاکٹر سید عباس متقی**

پیدائش : ۱۷/جنوری ۱۹۵۳ء

ولدیت : سید محمد صاحب مرحوم

تعلیم : ایم۔اے ایم۔فل پی ایچ۔ڈی۔ (اردو) عثمانیہ یونیورسٹی

ایم۔اے (فارسی) عثمانیہ یونیورسٹی

پیشہ : درس و تدریس اردو پنڈت گریڈ II

گورنمنٹ ہائی اسکول مغلپورہ نمبر 3 حیدرآباد

تصنیفات

(۱) دکھتی رگیں ۱۹۸۹ء

(۲) تسلیماً کثیرا ۱۹۹۰ء

(۳) مثنوی نوال السبحان (منظوم ترجمہ سورۃ الرحمٰن) ۱۹۹۲ء

(۴) تنہائیاں ۱۹۹۳ء

(۵) چھٹی انگلی ۱۹۹۳ء

(۶) فی ظلال البردہ (منظوم ترجمہ بردہ شریف) ۱۹۹۶ء

(۷) میری بلا سے ۱۹۹۶ء

(۸) رود دود ۲۰۰۱ء

(۹) ڈرتا ہوں آئینے سے ۲۰۰۳ء

(۱۰) لگے ہاتھوں ۲۰۰۷ء